14.80

D0875618

Dr. med. M. O. Bruker
Idealgewicht ohne Hungerkur

„Aus der Sprechstunde" Band 3

Dr. med. M. O. Bruker

Idealgewicht ohne Hungerkur.

Dies ist die einzige Methode, die dauerhaft das richtige Gewicht sichert und zugleich die Leistungsfähigkeit erhöht, die Gesundheitsreserven vermehrt und einer biologischen Verjüngung gleichkommt.

ISBN 3-89189-005-2

16. Auflage, 1987
153.–162. Tausend

Inhaltsverzeichnis

Vorwort

Dies ist kein Diätbuch üblicher Prägung, es enthält keine trockenen Theorien und kein Gestrüpp von Verboten, sondern hier wird eine ganz aus der Erfahrung geborene Methode gezeigt, die ihre Bewährungsprobe schon lange hinter sich hat.

Die Rezepte für Abmagerung sind zahllos; es vergeht kaum eine Woche, in der nicht in sensationeller Aufmachung eine neue Patentlösung verkündigt wird. Aber keiner der vielen Ratschläge, die nur auf kurzfristige Kuren abgestellt sind, hält auf die Dauer, was er verspricht. Denn sie sind alle auf der falschen Vorstellung aufgebaut, das Problem sei durch Nahrungseinschränkung zu lösen. Um es vorwegzunehmen: Genau das Gegenteil ist richtig. So unwahrscheinlich es erscheinen mag, nicht das Zuvielessen erzeugt Fettsucht und die begleitenden Krankheiten, sondern ein Zuwenig, d. h. der Mangel an bestimmten Nahrungsstoffen. Nicht F. d. H. ist die Lösung des Problems, sondern F. d. R. (d. R. = das Richtige). Über lange Zeiträume durchgeführte Nahrungseinschränkung einseitiger Art bringt im Gegenteil nicht wieder gutzumachende Schäden.

Dies bedeutet: Nicht eine strenge Diät, sondern eine abwechslungsreiche Vollwertkost ist die Lösung. Jede Diät bedeutet eine lästige Einengung der Lebensführung; dies ist mit ein Grund, weshalb die Ernährungsweise mancher Reformer vom Außenstehenden als unbequeme Minderung der Lebensfreude erscheint. Das Große und Neue der hier beschriebenen Methode liegt gerade darin, daß derjenige, der die neue Kostform durchführen will, alle natürlichen Lebensmittel essen darf, daß er gerade nicht hungern muß, daß er sich satt essen kann und daß er sich nicht die vielen befürchteten Einschränkungen auferlegen muß. Einige wenige Dinge allerdings muß er streng meiden; aber um so mehr ist die Gestaltung alles übrigen in seine Freiheit gestellt.

Hier liegt auch der Grund, weshalb in der vorliegenden Schrift zwar ganz genaue Anweisungen und einfache Rezepte für besonders notwendige Gerichte gegeben, aber keine Kostpläne für einzelne Tagesabläufe aufgestellt werden. Die Erfahrung hat nämlich gezeigt, daß die Aufstellung von Tagesabläufen die Gefahr in sich birgt, daß sich der Leser genau an die Vorschriften hält und jahraus, jahrein jeden Tag dasselbe ißt, obwohl natürlich dabei vermerkt ist, daß diese Tagespläne nur als Beispiel gedacht sind. Vielen, die sich engstirnig an die Tagesabläufe halten, kann es passieren, daß sie sich dadurch am Verständnis des Grundprinzips vorbeidrücken. In meiner ausgedehnten Ernährungsberatung habe ich immer wieder festgestellt, daß die meisten Ernährungssysteme in der Praxis an dieser falschen Handhabung scheitern. Die Zahl der Kranken ist nicht klein, die sich durch pedantische Einhaltung von genau vorgeschriebenen Tagesabläufen, denen die Abwechslung fehlt, Gesundheitsschäden zugezogen haben. Sowie für einzelne Tage genaue Diätpläne gegeben werden, fühlt sich der Phantasielose sicher, während jeder andere sich eingeengt und in ein Schema gepreßt fühlt.

Dieses Buch soll einen Kreis von Menschen ansprechen, der keine enge Diätvorschrift sucht, die man in Form feststehender Rezepte bringen kann. Dies ist um so wichtiger, als sonst auch den landschaftlichen Unterschieden in den Eßgewohnheiten nicht genügend Rechnung getragen würde. Da ich weiß, daß das Geheimnis meiner Erfolge bei der Beratung Fettsüchtiger in der Großzügigkeit liegt, mit der ich das Grundprinzip handhabe, empfehle ich ihre Nachahmung.

Dr. med. M. O. Bruker
Arzt für innere Medizin

Idealgewicht ohne Hungerkur

Wer schön ist, ist gesund – wer gesund ist, ist schön. Und wer möchte nicht bis ins höchste Alter schön und gesund sein. Schönheit und Gesundheit schließen ein zu hohes und ein zu niedriges Gewicht aus; denn wer zu dick oder zu mager ist, kann im strengen Sinne nicht gesund sein. Die Bemühung um eine ebenmäßige Körperform, d. h. die Verhütung übermäßigen Fettansatzes oder die Beseitigung bereits entstandenen überschüssigen Fettes ist nicht nur ein kosmetisches, sondern viel eher ein Gesundheitsproblem. Praktisch bedeutet dies: Was man für die Schönheit tut, kommt auch der Gesundheit zugute. Und umgekehrt: Was man tut, um eine schöne Körperform zu haben, verhütet zugleich vorzeitiges Altern und die sogenannten Alters- und Verbrauchskrankheiten. Denn beide haben dieselben Ursachen.

Auch mit 80 Jahren noch jung!

Man kann mit 50 Jahren „alt" sein und mit 80 Jahren noch „jung". Die Menschen altern verschieden. Deshalb unterscheiden wir das biologische Alter vom Alter nach Lebensjahren. Das normale Altern, das mit der Geburt beginnt und stetig fortschreitet, bringt an sich keine Krankheit mit sich. Die sogenannten Alterskrankheiten sind nicht durch das Alter verursacht, sondern sind die Folgen von Fehlern, die in der Lebensführung jahrzehntelang vorher gemacht worden sind. Man stirbt auch nicht am Alter, sondern an einer Krankheit.

Wenn wir unter schlank das Gegenteil von dick oder fett verstehen, so könnte man auch sagen: „Dicksein führt zu frühzeitigem Altern."

Der Zustand, daß ein Mensch übergewichtig ist, das heißt, daß er zu dick ist, wird im medizinischen Sprachgebrauch als Fettsucht bezeichnet. Wenn dieser Ausdruck auch etwas unglücklich und für geringen Fettüberschuß zu stark erscheinen mag, so ist er doch üblich, so daß wir an seiner Benutzung nicht vorbeikommen. In dem medizinischen Begriff Fettsucht kommt aber klar zum Ausdruck, daß es sich um eine krankhafte Störung handelt und nicht um eine kosmetische Angelegenheit.

Krankhaft dick oder normal rundlich?

Es ist notwendig, das krankhafte Dicksein von den normalen rundlichen Formen (pyknischer Habitus), vor allem beim weiblichen Geschlecht, zu unterscheiden. Auf der einen Seite darf der Tatbestand echter krankhafter Fettsucht nicht dadurch verschleiert werden, daß sie aus Höflichkeit mit den Worten „Sie sind etwas zu dick" oder vornehmer ausgedrückt „Sie sind etwas zu stark" beschönigt wird. Da Dicksein nicht stark, sondern schwach macht, sollte man statt dick nie stark sagen. Die Dinge beim richtigen Namen zu nennen, bringt immer nur Vorteile.

Die Abgrenzung von krankhaftem und normalem Dicksein ist aus mehrfachen Gründen von großer praktischer Bedeutung. Auf der einen Seite halten sich oft normal geformte Pykniker für zu dick, und andererseits unternehmen wirklich zu Dicke häufig nichts Ernsthaftes gegen ihre Krankheit, da sie sich nicht für krank halten.

Dicke sterben früher

Daß die Übergewichtigkeit nicht als harmloser Schönheitsfehler abgetan werden kann, sondern der Ausdruck einer echten und ernstzunehmenden Krankheit ist, geht unter anderem daraus hervor, daß sie eine nachweisbare Verkürzung der Lebensdauer bewirkt. Es wurde errechnet, daß ein Übergewicht von 10 % die Lebenserwartung um 17 % verkürzt, während ein Übergewicht von 30 % bereits eine Verkürzung der Lebenserwartung von 40 % mit sich bringt. Auch in der Sterblichkeitsquote kommt der nachteilige Einfluß der Fettsucht deutlich zum Ausdruck: Ein Mehrgewicht von 27,2 kg bringt eine Übersterblichkeit von 67 % mit sich, ein Übergewicht von 9 kg führt zu einer Zunahme der Sterblichkeit um 18 % über dem Durchschnitt der Altersklasse. Wenn das Übergewicht sich in der Sterblichkeit nicht noch viel stärker auswirkt, so nur deshalb, weil Mittel und Techniken der Lebensstützung in einem früher ungeahnten Ausmaße eingesetzt werden.

Die große Bedeutung des Fettsuchtproblems läßt sich auch daran erkennen, daß die Zahl der Dicken ständig im Steigen begriffen ist. Auch dieser Vorgang findet seine Parallele in der ständigen Zunahme der anderen ernährungsbedingten Zivilisationskrankheiten. Erhebungen in der medizinischen Universitätsklinik Münster brachten das Ergebnis, daß 40 % der männlichen und 35 % der weiblichen Patienten übergewichtig waren.

Den Körpertyp richtig einschätzen

Natürlich ist es nötig, bei der Benutzung der folgenden Tabelle den Körpertyp zu berücksichtigen. Ein gedrungener Pykniker, der durch rundliche Formen gekennzeichnet ist, wird normalerweise mit seinem Gewicht etwas höher liegen als ein hochwüchsiger Astheniker. Werden diese verschiedenen Konstitutionstypen nicht berücksichtigt, kann es zu wunderlichen Begebenheiten kommen. So erscheinen gar nicht selten tadellos proportionierte junge Mädchen in der Sprechstunde mit dem Wunsch, dünner zu werden. Geht man den Motiven dieses Wunsches nach, begegnet man entweder verschrobenen Vorstellungen von der Idealgestalt der Frau, wobei jede normale weibliche Rundung als Ausdruck häßlicher Fettsucht gewertet wird, oder der Wunsch, dünner zu werden, wird damit begründet, daß die Freundin viel weniger wiege. Dabei übersieht die angeblich zu Dicke, daß die

Männer

Größe	Idealgewicht in Kilogramm, 25 Jahre und älter		
cm	leichter Knochenbau	mittelschwerer Knochenbau	schwerer Knochenbau
157	50,5−54,2	53,3−58,2	56,9−63,7
158	51,1−54,7	53,8−58,9	57,4−64,2
159	51,6−55,2	54,3−59,6	58,0−64,8
160	52,2−55,8	54,9−60,3	58,5−65,3
161	52,7−56,3	55,4−60,9	59,0−66,0
162	53,2−56,9	55,9−61,4	59,6−66,7
163	53,8−57,4	56,5−61,9	60,1−67,5
164	54,3−57,9	57,0−62,5	60,7−68,2
165	54,9−58,5	57,6−63,0	61,2−68,9
166	55,4−59,2	58,1−63,7	61,7−69,6
167	55,9−59,9	58,6−64,4	62,3−70,3
168	56,5−60,6	59,2−65,1	62,9−71,1
169	57,2−61,3	59,9−65,8	63,6−72,0
170	57,9−62,0	60,7−66,6	64,3−72,9
171	58,6−62,7	61,4−67,4	65,1−73,8
172	59,4−63,4	62,1−68,3	66,0−74,7
173	60,1−64,2	62,8−69,1	66,9−75,5
174	60,8−64,9	63,5−69,9	67,6−76,2
175	61,5−65,6	64,2−70,6	68,3−76,9
176	62,2−66,4	64,9−71,3	69,0−77,6
177	62,9−67,3	65,7−72,0	69,7−78,4
178	63,6−68,2	66,4−72,8	70,4−79,1
179	64,4−68,9	67,1−73,6	71,2−80,0
180	65,1−69,6	67,8−74,5	71,9−80,9
181	65,8−70,3	68,5−75,4	72,7−81,8
182	66,5−71,0	69,2−76,3	73,6−82,7
183	67,2−71,8	69,9−77,2	74,5−83,6
184	67,9−72,5	70,7−78,1	75,2−84,5
185	68,6−73,2	71,4−79,0	75,9−85,4
186	69,4−74,0	72,1−79,9	76,7−86,2
187	70,1−74,9	72,8−80,8	77,6−87,1
188	70,8−75,8	73,5−81,7	78,5−88,0
189	71,5−76,5	74,4−82,6	79,4−88,9
190	72,2−77,2	75,3−83,5	80,3−89,8
191	72,9−77,9	76,2−84,4	81,1−90,7
192	73,6−78,6	77,1−85,3	81,8−91,6
193	74,4−79,3	78,0−86,1	82,5−92,5
194	75,1−80,1	78,9−87,0	83,2−93,4
195	75,8−80,8	79,8−87,9	84,0−94,3

Frauen

Größe	Idealgewicht in Kilogramm, 25 Jahre und älter		
cm	leichter Knochenbau	mittelschwerer Knochenbau	schwerer Knochenbau
148	42,0–44,8	43,8–48,9	47,4–54,3
149	42,3–45,4	44,1–49,4	47,8–54,9
150	42,7–45,9	44,5–50,0	48,2–55,4
151	43,0–46,4	45,1–50,5	48,7–55,9
152	43,4–47,0	45,6–51,0	49,2–56,5
153	43,9–47,5	46,1–51,6	49,8–57,0
154	44,4–48,0	46,7–52,1	50,3–57,6
155	44,9–48,6	47,2–52,6	50,8–58,1
156	45,4–49,1	47,7–53,2	51,3–58,6
157	46,0–49,6	48,2–53,7	51,9–59,1
158	46,5–50,2	48,8–54,3	52,4–59,7
159	47,1–50,7	49,3–54,8	53,0–60,2
160	47,6–51,2	49,9–55,3	53,5–60,8
161	48,2–51,8	50,4–56,0	54,0–61,5
162	48,7–52,3	51,0–56,8	54,6–62,2
163	49,2–52,9	51,5–57,5	55,2–62,9
164	49,8–53,4	52,0–58,2	55,9–63,7
165	50,3–53,9	52,6–58,9	56,7–64,4
166	50,8–54,6	53,3–59,8	57,3–65,1
167	51,4–55,3	54,0–60,7	58,1–65,8
168	52,0–56,0	54,7–61,5	58,8–66,5
169	52,7–56,8	55,4–62,2	59,5–67,2
170	53,4–57,5	56,1–62,9	60,2–67,9
171	54,1–58,2	56,8–63,6	60,9–68,6
172	54,8–58,9	57,5–64,3	61,6–69,3
173	55,5–59,6	58,3–65,1	62,3–70,1
174	56,3–60,3	59,0–65,8	63,1–70,8
175	57,0–61,0	59,7–66,5	63,8–71,5
176	57,7–61,9	60,4–67,2	64,5–72,3
177	58,4–62,8	61,1–67,8	65,2–73,2
178	59,1–63,6	61,8–68,6	65,9–74,1
179	59,8–64,4	62,5–69,3	66,6–75,0
180	60,5–65,1	63,3–70,1	67,3–75,9
181	61,3–65,8	64,0–70,8	68,1–76,8
182	62,0–66,5	64,7–71,5	68,8–77,7
183	62,7–67,2	65,4–72,2	69,5–78,6
184	63,4–67,9	66,1–72,9	70,2–79,5
185	64,1–68,6	66,8–73,6	70,9–80,4

Freundin eine hochwüchsige Asthenikerin ist, die eventuell ihr ganzes Leben „untergewichtig" bleibt.

Man tut daher gut daran, normales Dicksein von krankhaftem Dicksein zu unterscheiden. Diese Unterscheidung läßt sich am einfachsten und sichersten durch die Betrachtung des unbekleideten Menschen treffen. Ist der Beurteiler nicht von modischen Einflüssen verbildet, so wird er ohne weiteres den gesunden nackten Körper als schön und wohlproportioniert, den krankhaft dicken als unschön und falsch proportioniert erkennen. In diesem Sinne deckt sich schön und gesund. Dabei läßt sich leicht feststellen, daß ein krankhaft magerer Pykniker, der normalerweise rundliche Formen hat, ebenso unschön wirkt wie ein sonst schlanker Astheniker mit dickem Bauch.

Diese etwas vereinfachte Unterscheidung zwischen krankhaftem Dicksein und normalem Rundlichsein ist in der Praxis auch deshalb wichtig, weil jeder Behandlungsversuch am gesunden Rundlichen scheitern muß. Dieser hält sich häufig für zu dick, entweder aufgrund falscher Vergleiche oder falscher modischer Vorstellungen, oder weil er nicht weiß, daß es verschiedene Körpertypen gibt.

Untaugliche Entfettungsversuche bei normalgestalteten Mädchen findet man oft als Zeichen einer Neurose. Natürlich sind diese Eingriffe auf die Dauer nicht nur erfolglos, sondern können auch ernste Gesundheitsschäden nach sich ziehen. Hier muß die Behandlung die psychischen Hintergründe, hinter denen eine Nichtanerkennung der eigenen Person steckt, aufdecken. Meistens finden sie sich mit Minderwertigkeitskomplexen kombiniert.

Fettsucht ist eine ernährungsbedingte Zivilisationskrankheit

Fettsucht hat dieselben Ursachen wie die übrigen ernährungsbedingten Zivilisationskrankheiten und tritt deshalb meist mit ihnen zusammen auf. Besonders bekannt sind die engen Beziehungen zwischen Fettsucht und Gefäßerkrankungen, vor allem der Arteriosklerose und dem Bluthochdruck; aber auch die häufige Kombination von Fettsucht mit Zuckerkrankheit, mit Erkrankungen des Bewegungsapparates (Gelenke, Muskeln, Wirbelsäule), Gallensteinbildung und Thrombose springt in die Augen.

Häufig ist die Fettsucht das erste leicht zu erkennende Frühsymptom sich anbahnender Zivilisationsschäden. Wird sie nicht beachtet

21

und nicht als Warnsignal beginnender Stoffwechselstörungen erkannt, so finden sich häufig im weiteren Verlauf die eben erwähnten anderen ernährungsbedingten Krankheiten. Die Frühbehandlung der Fettsucht bringt den Vorteil mit sich, daß dadurch zugleich die anderen Krankheiten verhütet werden.

Die erwähnte Verkürzung der Lebensdauer kommt hauptsächlich durch die Begleitkrankheiten zustande. Unter ihnen spielen die Gefäßschäden der Arteriosklerose die Hauptrolle, deren gefährlichste Erscheinungsformen als Herzinfarkt und Schlaganfall bekannt sind. Die gemeinsame Ursache kommt auch darin zum Ausdruck, daß es auch bei den Gefäßerkrankungen zu krankhaften Ablagerungen von Stoffen (Cholesterin) kommt, die auf eine Störung des Fettstoffwechsels hinweisen. Man könnte diese Vorgänge in vereinfachter Darstellung als Gefäßverfettung bezeichnen.

Vitalstoffmangel – Ursache der Fettsucht

Um eine wirksame Vorbeugung bzw. Behandlung der Fettsucht betreiben zu können, ist natürlich eine genaue Kenntnis der Ursachen im einzelnen notwendig. Sie liegen wie bei allen ernährungsbedingten Zivilisationskrankheiten in dem Vitalstoffmangel der Zivilisationsnahrung. Durch die Prozesse der Erhitzung, Konservierung und Präparierung verlieren die Nahrungsmittel an Vitaminen, Mineralstoffen, Spurenelementen, Enzymen (Fermenten), ungesättigten Fettsäuren, Aromastoffen und Faserstoffen (sog. Ballaststoffen). Bei der Entstehung der Stoffwechselstörungen spielt aber nicht nur der mehr oder weniger starke Mangel an diesen gesundheitsnotwendigen Stoffen eine Rolle, die man heute als Vitalstoffe zusammenfaßt, sondern auch die Verschiebung des Verhältnisses dieser einzelnen Wirkstoffe untereinander.

Die Zivilisationskost ist gekennzeichnet durch einen zu geringen Anteil an natürlichen Lebensmitteln und einen zu hohen Anteil an fabrikatorisch veränderten Nahrungsmitteln, wie sie der Einbruch der Technik in den Lebensmittelsektor in den letzten 80 Jahren mit sich gebracht hat. Als Krankheitsverursacher spielen unter den Fabriknahrungsmitteln die raffinierten Kohlenhydrate eine Hauptrolle. Es sind in erster Linie die Auszugsmehle und die Fabrikzuckerarten. Unter Auszugsmehlen versteht man niedrig ausgemahlene Mehle aus Roggen, Weizen und anderen Getreidearten. Bei den Auszugsmehlen werden die Randschichten und der Keim des Getreidekorns bei dem Mahlvorgang entfernt und nur noch der Stärkekern verwendet. Da in den Randschichten und dem Keim wichtige Vitalstoffe enthalten sind, fehlen diese in den Auszugsmehlen. Das Auszugsmehl vom Roggen heißt Graumehl, das vom Weizen Weißmehl. Was den Mangel an Vitalstoffen betrifft, so besteht also zwischen Graubrot und Weißbrot keinerlei Unterschied. Unter Fabrikzucker versteht man alle Zuckerarten, die durch Fabrikationsprozesse isoliert gewonnen werden, d. h.: Rohrzucker, der aus der Zuckerrübe oder dem Zuckerrohr hergestellt ist (das ist der gewöhnliche weiße oder braune Verbrauchszucker); ferner Traubenzucker, Fruchtzucker, Malzzucker, Milchzucker usw. Wenn man weiß, daß 75% der Nahrung der Erdbevölkerung aus Getreideprodukten stammt, kann man ermessen, von welch entscheidender Bedeutung es ist, ob diese Cerealien (Getreide) in natürlicher oder raffinierter Form gegessen werden.

Da die raffinierten Kohlenhydrate den Hauptanteil der fabrikatorisch veränderten Nahrungsmittel einer zivilisierten Nahrung ausmachen, stellen sie auch die Hauptursache der Fettsucht dar. Trotzdem spielen auch andere denaturierte Nahrungsmittel, d. h. Nahrungsmittel, die durch physikalische oder chemische

Einwirkungen bei ihrer fabrikatorischen Herstellung wesentliche Vitalstoffe verloren haben, zusätzlich eine wichtige Rolle. Dazu gehören durch Raffinationsprozesse gewonnene Fette, z. B. die gewöhnlichen Speiseöle, Margarinen und alle durch Hydrierung (Anlagerung von Wasserstoffatomen an die Kohlenstoffkette) gehärteten Fette. Aber auch Säfte aller Art enthalten nicht mehr alle Vitalstoffe wie das ursprüngliche Ausgangsprodukt und rechnen in die Klasse der denaturierten Nahrungsmittel. Da auch durch die Erhitzung beim Backen, Kochen und Braten gewisse Vitalstoffe verlorengehen, ist der ausschließliche Verzehr von erhitzten Speisen an der Entstehung der Fettsucht maßgeblich beteiligt.

**Naturvölker frei von Fettsucht –
die „Regel der 20 Jahre" oder der Zeitfaktor**

In einer unwiderlegbaren und fast dramatischen Weise haben die beiden Engländer Campbell und Cleave in dem Buch „Diabetes, Coronary Thrombosis and the Saccharine Desease" (John Wright & Sons Lpd., Bristol, 1965) erneut auf diese Zusammenhänge hingewiesen. In Einge-

25

borenengebieten, in denen der Kohlenhydrat-
anteil der Kost ausschließlich mit selbstge-
mahlenem Reis bestritten wird, finden sich
weder Fettsucht, noch Herzinfarkte, noch
Zuckerkrankheit, noch Magen- und Zwölffin-
gerdarmgeschwüre. Wenn diese Eingeborenen
auf raffinierten Reis übergehen, der die Randschichten nicht mehr enthält, treten nach einem Zeitraum von etwa 20 Jahren bei ihnen
dieselben Krankheiten auf wie bei den
Weißen.

Campbell und Cleave sprechen von der
„Regel der 20 Jahre", d. h. der Mensch muß
mindestens 20 Jahre einer Mangelernährung mit
raffinierten Kohlenhydraten (Auszugsmehlen
und Fabrikzucker) ausgesetzt sein, ehe diese
Erkrankungen auftreten. Diese Beobachtungen
decken sich mit den schon lange bekannten
Ergebnissen aus Tierfütterungen. Professor
Kollath wies nach, daß Ratten mindestens 1 Jahr
einer bestimmten Mangelernährung ausgesetzt
sein müssen, bis es zu den Krankheitserschei-
nungen kommt, die beim Menschen den ernährungsbedingten Zivilisationskrankheiten ent-
sprechen. Da ein Rattenjahr etwa 30 Menschen-
jahren entspricht, bestätigen diese Versuche die
Beobachtungen am Menschen, daß eine Fehler-
ernährung jahrzehntelang durchgeführt werden

muß, ehe Schäden deutlich als Krankheit sichtbar werden.

Das Wissen um diese lange Anlaufzeit ist unerläßlich, um die Entstehung der Fettsucht verstehen zu können, und um, was noch wichtiger ist, wirksame Maßnahmen für ihre Verhütung und Behandlung ergreifen zu können.

Die Bedeutung dieses leidigen, aber ausschlaggebend wichtigen Zeitfaktors soll an dem Beispiel des Gallensteins und des Herzinfarkts erläutert werden.

Der Kranke, der seine erste Gallenkolik oder einen Herzinfarkt erlebt, befindet sich in einem schwerwiegenden Irrtum, wenn er annimmt, daß seine Erkrankung mit der Gallenkolik beziehungsweise dem Herzinfarkt begonnen habe. Mit dieser ersten Krankheitserscheinung hat sie nicht begonnen, sondern sie ist damit in die letzte, im strengen Sinne unheilbare Phase eingetreten. Da es einer Anlaufzeit von 20 bis 30 Jahren bedarf, bis die Erkrankung – meist unbemerkt – so weit fortgeschritten ist, daß sie zum sichtbaren Ausdruck kommt, bedeutet dies zugleich, daß alle Behandlungsmaßnahmen für eine echte Heilung um Jahrzehnte zu spät kommen. Die erst nach Ausbruch der Krankheit, d. h. nach ihrem Eintritt in die letzte Phase ergriffenen Behandlungsmaßnahmen können daher lediglich ein Fortschreiten der Krankheit verhüten oder verlangsamen und lästige Beschwerden lindern oder beseitigen. Eine Heilung im strengen Sinne ist aber dann nicht mehr möglich. Im Prinzip gilt dasselbe für jede ernährungsbedingte Zivilisationskrankheit und damit natürlich auch für die Fettsucht.

Diese nüchternen Tatsachen hört der Kranke ungern; sie lassen sich aber nicht dadurch aus der Welt schaffen, daß man sie nicht wahrhaben will. Ohne ihre Einkalkulierung ist die Erreichung des Ziels, wieder schlank zu werden, nicht möglich.

Die praktische Schlußfolgerung aus diesem entscheidenden Zeitfaktor besteht darin, daß der Erfolg der Vorbeugung bzw. Behandlung der Fettsucht um so größer ist, je früher die Maßnahmen einsetzen.

Der weitergereichte Fehler

Nun mag mancher fragen, wie es denn erklärbar sei, daß schon bei Kindern Fettsucht vorkomme, wenn sie zu ihrer Entstehung so lange Zeit benötigt. Die Tatsache, daß die Fettsucht in zunehmender Häufigkeit immer jüngere Lebensalter ergreift, spricht nicht gegen die beschriebene lange Anlaufzeit, sondern weist im Gegenteil darauf hin, daß die Ernährungsfehler der vorigen Generationen sich in einer krankhaften Veranlagung der nachfolgenden Generation auswirken. Der tschechische Forscher Bernàsek hat in Tierfütterungen die Auswirkungen eines Vitalstoffmangels auf die nachfolgenden Generationen eindeutig nachgewiesen. Aber auch die Beobachtungen am Menschen selbst bestätigen diese Zusammenhänge. Wenn man demnach bei der Krankheitsentstehung nicht nur die Einzelpersonen berücksichtigen darf, sondern auch die Lebensführung der vorigen Generationen mit einbeziehen muß, so bedeutet das Auftreten einer Fettsucht im frühen Lebensalter, daß die Ursachen bereits in den vorangegangenen Generationen zu suchen sind.

Ein Fettsuchtsfall muß daher als um so fortgeschrittener angesehen werden, je früher im Leben er auftritt. Im Hinblick auf die früheren Generationen befindet sich eine jugendliche Fettsucht also bereits im Spätstadium. So erklärt es sich auch, daß eine Fettsucht um so intensiverer Behandlungsmaßnahmen bedarf, je früher im Leben sie auftritt. Auch nach erzieltem Erfolg der Gewichtsreduzierung muß die richtige Lebensführung ständig beibehalten werden, da es bei der Stoffwechselstörung der Fettsucht ebensowenig zu einer echten Heilung kommt wie bei der Zuckerkrankheit, mit der sie eng verwandt ist, und mit der sie oft gleichzeitig auftritt. Ein Zuckerkranker muß sich ein ganzes Leben lang anders ernähren als ein Nichtzuckerkranker; er wird dann keine Krankheitssymptome aufweisen, aber trotzdem noch ein Zuckerkranker sein, der sofort merken würde, daß er nicht geheilt ist, wenn er sich nicht mehr an die richtige Ernährung hielte. Der Vitalstoffmangel der Zivilisationskost führt nicht direkt zur Fettsucht, sondern indirekt über die Störung der inneren Drüsen. Die mangelhafte Tätigkeit der Hypophyse, der Schilddrüse, der Nebennierenrinde und der Eierstöcke führt zu einer Störung des hormonellen Gleichgewichts. Im Kohlenhydrat-Stoffwechsel drückt sich dies so aus, daß die stärke- und zuckerhaltigen Nahrungsmittel nicht mehr bis zur Endstufe, zu Kohlensäure und Wasser, verbrannt werden, sondern sozusagen halb oxydiert als Fett in den Fettzellen abgelagert werden. Das Enzym, das den Fettanbau und -abbau in der Zelle lenkt, die Lipase, ist sehr hormonsensibel.

Die Drüsen-Ausrede

Aus der Beteiligung der innersekretorischen Drüsen an der Fettsuchtentstehung ziehen nun viele Dicke den falschen Schluß, daß ihre Erkrankung nichts mit dem Essen zu tun habe, sondern eben darauf beruhe, daß ihre Drüsen nicht richtig arbeiten. Es ist verständlich, daß sie sich gern an diese Vorstellung klammern, welche sie von der lästigen Pflicht entbindet, sich an irgendwelche Ernährungsrichtlinien zu halten.

Die indirekte Entstehung der Fettsucht über die Störung der inneren Drüsen erklärt auch, weshalb kurzfristige Ernährungsmaßnahmen keine Heilung der Fettsucht, sondern nur eine vorübergehende Gewichtsverminderung herbeiführen können. Falls die Drüsenstörungen noch heilbar sind, benötigen sie zu ihrer Heilung ebenso lange Zeiträume, wie die Entstehung der Krankheit benötigte. Die Ernährungsmaßnahmen sind daher so einzurichten, daß sie auf eine bessere Tätigkeit der inneren Drüsen hinzielen und nicht darauf, daß in kurzer Zeit das Gewicht künstlich heruntergedrückt wird.

Deshalb sind alle kurzfristigen Entfettungskuren im Endeffekt zur Erfolglosigkeit verurteilt, während die Beseitigung der Drüsenstörung durch eine vollwertige Heilkost allmählich

zu einer Normalisierung des Gewichtes und zu
gesunden Körperformen führt.

Kein Dauererfolg mit reiner
Kalorienbeschränkung

Es kann nicht oft genug betont werden, daß der
Hauptgrund, weshalb alle bisherigen gutge-
meinten Ratschläge, mit denen die dicken Menschen überschüttet werden, auf die Dauer
erfolglos bleiben müssen, in der falschen
Annahme liegt, daß die Fettsucht durch zu viel
Essen entstehe. Das „Denken in Kalorien" in der
alten Ernährungslehre mußte zwangsläufig zu
der Auffassung führen, daß die Fettsucht eine
Folge kalorischer Überernährung sei. Für die
Behandlung ergaben sich daraus die bekannten
Ratschläge, die Nahrungszufuhr insgesamt einzuschränken und dabei vorwiegend kalorienrei-
che Nahrungsmittel zu meiden.

Die Erfahrung zeigt, daß kaum ein Fettsüchtiger, der sich der Reihe nach streng an alle ihm
angepriesenen Empfehlungen dieser Art gehal-
ten hat, auf die Dauer einen Erfolg erzielen
konnte. Zwar werden mit allen Methoden der
Nahrungsbeschränkung kurzfristige Gewichtsabnahmen erzielt und diese als Beweis für die

Richtigkeit der Theorie, Fettsucht entstehe durch Überernährung, angeführt. Verfolgt man aber das Schicksal der Fettsüchtigen über längere Zeiträume, so zeigt sich, daß sie einige Zeit nach Beendigung der Nahrungseinschränkung ihr altes Gewicht wieder erreicht oder sogar überschritten haben. Die Kalorienbeschränkung ist also keineswegs imstande, die der Fettsucht zugrundeliegende Störung im Sinne der Heilung oder Besserung nachhaltig zu beeinflussen, sondern sie bewirkt lediglich eine vorübergehende Symptomen-Unterdrückung. Da das zu hohe Körpergewicht als hervorstechendes Symptom äußerlich leicht erkennbar und auch feststellbar ist, wird die Herabsetzung des Gewichts mit einer Besserung der Krankheit „Fettsucht" gleichgesetzt bzw. verwechselt. Demgegenüber sind die im Inneren sich abspielenden Stoffwechselstörungen äußerlich nicht sichtbar und werden deshalb nicht berücksichtigt. An einer vorübergehenden Gewichtsverminderung, die nur eine Symptomenunterdrückung sein kann, kann der Erfolg einer Fettsuchtsbehandlung daher nicht gemessen werden.

Das Fettgewebe als Organ –
„die fettsüchtige Fettzelle"

Bis vor wenigen Jahren hat sich die medizinische Wissenschaft vorwiegend mit der Erforschung der Erkrankung innerer Organe beschäftigt. Das Fettgewebe rechnete nicht dazu. Es wurde lediglich als wenig wichtiges Füllgewebe betrachtet. Neuere Forschungen, die sich sehr intensiv mit dem Organ Fettgewebe beschäftigen, haben bereits interessante Ergebnisse gebracht. Der größte Teil des Fettes, das im Fettgewebe gespeichert wird, stammt aus Traubenzucker, in den die Nahrungskohlenhydrate bei ihrem Abbau im Körper verwandelt werden. Das Fettgewebe hat wichtige Funktionen zu erfüllen, besonders in der Regulierung des Wärmehaushalts und bei der Erhaltung des hormonellen Gleichgewichts.

Das Gewicht und das Verhältnis von Fett zur Muskulatur zeigen im Verlauf des Lebens einen wohlbekannten Kurvenverlauf. Das Gewicht bleibt, wenn das Wachstum beendet ist, lange Zeit konstant. In einem Alter von 30 bis 60 Jahren hat es die Tendenz, langsam zu- und danach etwas schneller abzunehmen, um bei einem Alter von 80 Jahren in der normalen Magerkeit des Greises zu enden. Das Verhältnis Fett : Muskulatur, das beim Säugling sehr hoch ist, nimmt im Kindesalter ab, bleibt aber trotzdem bei beiden Geschlechtern bis zur Pubertät erhöht. Im Erwachsenenalter ist es bei der Frau nahezu dreimal höher als beim Mann.

Kommt es zu einer Erhöhung des Gewichts von z. B. 70 kg auf 120 kg, so entspricht dies einer Verfünffachung der Fettreserve. Diese Fettvermehrung kann auf zweierlei Weise entstehen: Entweder haben sich die Fettzellen vermehrt, oder sie waren bereits vorher zahlreicher vorhanden und nur unvollständig mit Fett gefüllt. Bei einer Entfettungsbehandlung kommt es nun nicht zu einer Verringerung der Zahl der Fettzellen, sondern sie enthalten dann nur weniger Fett. Dies erklärt auch, weshalb es beim Aufhören der Ernährungsmaßnahmen so rasch wieder zur Gewichtszunahme kommt. Die einmal vorhandenen Fettzellen, die nicht aufgelöst werden, füllen sich wieder mit Fett, d. h. sie kehren zu ihrer eigentlichen Bestimmung, Fettzellen zu sein, wieder zurück.

Aus allen diesen Tatsachen muß derselbe Schluß gezogen werden. *Das Wichtigste ist, Vorbeugung zu treiben.* Kommt man aber damit zu spät, was meistens der Fall ist, und ist die der Fettsucht zugrundeliegende Stoffwechselstörung bereits vorhanden, so ist die Behandlung um so aussichtsreicher, je früher sie beginnt. Bei allen anderen Krankheiten ist diese Regel selbstverständlich; bei der Fettsucht muß sie aber ganz besonders betont werden, da allgemein die falsche Vorstellung verbreitet ist, daß Fettsucht durch Nahrungsentzug kurzfristig zu heilen sei, unabhängig davon, wie lange die Krankheit schon bestehe, d. h. wie lange durch die Ernährungsfehler die Störung der Drüsen schon unterhalten werde.

Das Prinzip der Behandlung

Bei jeder Fettsuchtsform ist das Behandlungsprinzip genau dasselbe wie bei allen anderen ernährungsbedingten Krankheiten:
Keine Nahrungseinschränkung, sondern Genuß vollwertiger Lebensmittel!
Die Nahrungseinschränkung birgt die Gefahr in sich, daß gerade der Mangel an bestimmten Wirkstoffen, der die Fettsucht verursacht, noch verstärkt wird.

1. Keine Beschränkung der Fettzufuhr

Entgegen der üblichen Regel darf die Fettzufuhr unter keinen Umständen eingeschränkt werden. Wegen der großen Bedeutung dieser Forderung wird sie an den Anfang gestellt. Aber leider gibt es kaum einen Fettsüchtigen, der nicht, wenn er das ernste Bestreben hat, abzunehmen, als erste Maßnahme die Fettzufuhr einzuschränken beginnt. Doch anstatt der erhofften Besserung fängt damit sein Leiden an, immer schwerer beeinflußbar zu werden: Je mehr er das Fett einschränkt, desto dicker wird er, und je dicker er wird, desto strenger nimmt er es mit der Fettbeschränkung, bis er schließlich so weit kommt, daß er alles sichtbare Fett aus der Nahrung entfernt. Da es sich bei der geringen Menge Fett, die er sich noch durch die unsichtbaren Fette der Nahrung zuführt, üblicherweise um denaturierte Fette handelt, hat der Organismus nichts mehr von denjenigen Vitalstoffen zur Verfügung, deren Träger die naturbelassenen Fette sind.

Es ist erwiesen, daß bereits der gesunde Durchschnittsbürger in den zivilisierten Staaten trotz hohen Fettverbrauchs nicht mehr ausreichend mit naturbelassenen Fetten versorgt ist. Für den Fettsüchtigen gilt dies im besonderen Maße. Wenn er diese Fette rigoros einschränkt, die schon bei normaler Menge kaum zur Deckung der an naturbelassene Fette gebundenen Vitalstoffe ausreichen, so kann er in einen bedrohlichen Zustand kommen, der zu einer nicht wiedergutzumachenden Dauerschädigung führen kann. Dies ist das Los einer großen Zahl von Fettsüchtigen, die mit Einschränkung von Fett behandelt werden.

Im selben Sinne sprechen Beobachtungen, die viele Dicke an sich gemacht haben. Sie geben an, sie hätten festgestellt, daß sie um so dicker würden, je weniger sie äßen. Da aufgrund der alten

Vorstellung, daß der Dicke durch zu viel Essen dick sei, die Angabe des Fettsüchtigen, er nähme trotz geringer Nahrungsmenge zu, von vornherein auf Zweifel stößt, werden meistens seine Worte gar nicht erst auf den Wahrheitsgehalt geprüft. Meine Beobachtung hat gezeigt, daß man der Mehrzahl der Fettsüchtigen damit Unrecht tut. Ein großer Teil der Kranken hatte schon alle möglichen Behandlungsmethoden und Lehren durchgemacht, immer nur mit vorübergehendem oder ganz ausbleibendem Erfolg, obwohl sie sehr unter ihrer Störung litten und daher bereit waren, alle nur erdenklichen Einschränkungen auf sich zu nehmen, wenn sie nur Erfolg hätten.

Gerade diese Gruppe von Kranken ist es, die mich zum ersten Mal auf den Gedanken brachte, daß es sich bei der Fettsucht im wesentlichen nicht um eine Überernährungserscheinung, sondern um das Gegenteil handeln könnte. Die Probe aufs Exempel brachte bei diesen Kranken den Beweis. Die Zufuhr vollwertiger Lebensmittel, vor denen sich die Kranken immer gefürchtet hatten, da sie glaubten, sie würden davon dick, brachte rasch den Umschwung.

Um eine ausreichende Versorgung mit fettlöslichen Vitaminen und ungesättigten Fettsäuren zu garantieren, ist die *Zufuhr naturbelassener*

Fette notwendig. Als wichtigstes naturbelassenes Fett ist die Butter zu empfehlen, die seit Jahrtausenden den Menschen als natürliches Fett gedient hat, ohne je gesundheitliche Nachteile gebracht zu haben. Sie enthält ausreichende Mengen ungesättigter Fettsäuren und fettlöslicher Vitamine. Voraussetzung dafür ist, daß sie aus frischem, nicht erhitztem, auch nicht pasteurisiertem Rahm gewonnen wird. In den Mittelmeerländern vertritt das naturbelassene Olivenöl die Stelle der Butter. Als Träger der hochungesättigten Fettsäuren sind sogenannte kaltgeschlagene Öle zu verwenden, wie sie als Leinöl, Sonnenblumenöl, Maiskeimöl usw. in den Reformhäusern erhältlich sind.

2. Fabrikzucker und Auszugsmehle am schädlichsten

Der zweite wichtige Punkt ist die strenge Vermeidung der isolierten Kohlenhydrate. Darunter fallen alle Nahrungsmittel, die aus Auszugsmehlen (Grau- und Weißmehle) hergestellt sind, und solche, die Fabrikzucker – auch in kleinsten Mengen – enthalten. Im einzelnen ist daher nicht erlaubt: das tägliche Brot, das in Norddeutschland Graubrot, in Süddeutschland Schwarzbrot heißt, ferner Weißbrot, Brötchen, Zwieback, Kuchen, Teigwaren, Süßigkeiten und alle mit irgendwelchen in der Fabrik hergestellten Zuckerarten (Traubenzucker, Fruchtzucker, Vollrohrzucker, Malzzucker, Ahornsirup, Rübensirup, Birnendicksaft, Apfeldicksaft, Ursüße, Sucanat, Melasse usw.) gesüßten Speisen. Die Begründung dafür liegt aber nicht vornehmlich in ihrem hohen Kalorien- und Nährstoffgehalt, sondern mehr in dem Fehlen der notwendigen Ergänzungsstoffe, die für den ungestörten Ablauf der Stoffwechselvorgänge unentbehrlich sind. Vorwiegend zur Deckung des Vitamin-B-Bedarfs sind die Grau- und Weißmehle durch *Vollkornprodukte* zu ersetzen.

Da aber durch die Erhitzung beim Backvorgang bei der Herstellung der Vollkornbrote ein gewisser Verlust an Vitaminen entsteht und außerdem das hochwertige pflanzliche Eiweiß eine Denaturierung erfährt, ist außer Vollkornbrot und anderen erhitzten Vollkorngerichten die tägliche Verabreichung des unerhitzten Frischkornbreies notwendig.

Hier ist das Rezept des Frischkornbreies:

Er wird aus Weizen, Roggen, Gerste, Hafer oder aus einer Mischung von mehreren Getreidesorten (erhältlich im Reformhaus und Naturkostladen) hergestellt. Davon werden 3 Eßlöffel (= etwa 50 g) durch eine Getreidemühle, in einem Mixapparat oder in einer Kaffeemühle grob geschrotet.

Das Mahlen muß jedesmal frisch vor der Zubereitung vorgenommen werden.

Dabei spielt es keine Rolle, ob die Getreidemühle mit Mahlsteinen oder einem Stahlmahlwerk arbeitet.

Nicht auf Vorrat mahlen! Das gemahlene Getreide wird mit ungekochtem kaltem Leitungswasser zu einem Brei gerührt und 5–12 Stunden stehengelassen. Die Wassermenge wird so berechnet, daß nach der Quellung nichts weggegossen zu werden braucht. Nach 5–12 Stunden wird dieser Brei tischfertig gemacht durch Zusatz von frischem Obst (je nach Jahreszeit), Zitronensaft, 1 Teelöffel Honig (nur manchmal; regelmäßig Honig kann Karies erzeugen), 1 Eßlöffel Sahne, geriebenen Nüssen, nach Art des Bircher-Benner-Müslis.

Solange verfügbar, sollte man immer einen

Apfel hineinreiben und sogleich untermischen, bevor er braun wird. Der geriebene Apfel macht den Frischkornbrei besonders luftig und wohlschmeckend.

Statt dieser Zubereitung kann der Körnerbrei auch mit Joghurt, Milch oder Sauermilch zubereitet werden. In diesem Falle müssen die anderen Zutaten wegbleiben, da die Kombination bei Darmempfindlichen Unverträglichkeit hervorrufen kann.

Es ist ohne Belang, zu welcher Tageszeit dieser Brei genossen wird.

Sehr zu empfehlen ist auch die Frischkornmahlzeit nach Dr. Evers:

3 Eßlöffel Weizen *oder* Roggen (keine Mischung) werden über Nacht (etwa 12 Stunden) mit ungekochtem kaltem Wasser eingeweicht. Am Morgen werden die Körner in einem Sieb mit frischem Wasser gespült. Tagsüber bleiben sie trocken stehen. Am zweiten Abend werden sie wieder mit Wasser übergossen, am nächsten Morgen wieder gespült. Dieser Vorgang wird so lange fortgesetzt (im allgemeinen 3 Tage), bis die Körner keimen und die Keimlinge ca. $\frac{1}{3}$ cm lang sind. In der Keimzeit sollen die Körner möglichst bei Zimmertemperatur stehen (d. h. nicht zu kalt und nicht zu warm). Die gekeimten Körner können mit Zutaten versehen

werden, wie beim Frischkornbrei angegeben. Sie sind gründlich zu kauen.

3. Viel Frischkost

Zur Deckung des Bedarfs an Mineralstoffen und wasserlöslichen Vitaminen im ausgewogenen Verhältnis ist eine *reichliche Zufuhr von Frischkost* in Form von rohen Gemüsesalaten unerläßlich.

In der folgenden Liste sind Gemüse zusammengestellt, die als Frischkost in Frage kommen; es ist jedoch nicht notwendig, sich genau an die Art der Zubereitung zu halten. Die Rezepte stellen lediglich Vorschläge dar, die je nach persönlichem Geschmack selbstverständlich abgewandelt werden können. Die Gemüse sind eingeteilt in solche, die unter der Erde, und solche, die über der Erde wachsen. Es empfiehlt sich, für eine Mahlzeit je 2 unter und 2 über der Erde gewachsene Gemüse auszuwählen. Da die verschiedenen Pflanzenteile verschiedene Wirkstoffe enthalten, ist durch diese Kombination die Gewähr für ausreichende Versorgung mit den verschiedensten Vitalstoffen gegeben. Diese Sicherheit wird noch erhöht, wenn täglich andere Gemüsesorten ausgewählt werden. Auf

Abwechslung und schmackhafte Zubereitung ist größter Wert zu legen. Dies ist besonders zu erreichen durch Verwendung von verschiedenen Gewürzen und frischen Kräutern.

Falls die Mahlzeit auch Gekochtes enthält, wird die Frischkost auf jeden Fall zuerst gegessen. Als Öle dürfen nur sogenannte kaltgeschlagene (naturbelassene) Öle (Sonnenblumenöl, Leinöl, Maisöl, Reisöl usw.) verwendet werden, am besten aus dem Reformhaus.

Zubereitung der Frischkost

A. Über der Erde gewachsen

Blattsalat etwas zerschnitten, mit Sahne, Öl, Zitrone und grünen Kräutern,

Blumenkohl fein gerieben, mit Nüssen, Kokosflocken und süßer Sahne,

Gurken mit der Schale in feine Scheiben geschnitten, mit Bioghurt, Öl, Dill, Petersilie, Schnittlauch, auch mit Tomatenscheiben,

Kohlrabi mit Öl, grüner Petersilie und Zwiebeln oder mit süßer Sahne und gemahlenen (gehackten) Nüssen,

Kürbis mit Roter Bete gerieben, mit Äpfeln, Nüssen, Sauermilch,

45

Rotkohl fein geschnitten, mit Öl, Zitrone, Äpfeln,

Sauerkraut entweder ohne Zutaten oder mit etwas Sonnenblumenöl, feingeschnittener Zwiebel, geriebenem Meerrettich,

Spinat in feine Streifen geschnitten, mit Öl, Zitrone und Zwiebeln,

Tomaten in Scheiben, mit Öl und Zwiebeln oder Schnittlauch,

Weißkohl fein gewiegt, mit Öl, Zitrone, Schnittlauch,

Obstsalat aus Obst und Südfrüchten der Jahreszeit, eventuell mit gehackten Nüssen, mit Milch, Sahne oder Bioghurt.

B. Unter der Erde gewachsen
Möhren entweder gerieben, mit geriebenen Äpfeln, gemahlenen Nüssen und Zitronensaft, oder als Salat zu Streifen geraspelt oder in feine Scheiben geschnitten (gehobelt) mit feingeschnittener (gehackter) Zwiebel, Öl, Zitrone, Schnittlauch und Petersilie,

Pastinaken fein gerieben, mit Zitrone, süßer Sahne, gehackten oder gemahlenen Nüssen oder als Salat, wie Möhren,

Rettich und Radieschen in feine Scheiben geschnitten, mit grüner Petersilie, Schnittlauch, Dill und Öl,

Rote Bete fein gerieben, mit Äpfeln, Zitrone, saurer Sahne (auch Sauermilch oder Bioghurt) und Nüssen,

Schwarzwurzeln fein gerieben, vermengt mit süßer Sahne und Kokosflocken,

Sellerie fein gerieben, mit Äpfeln, Nüssen, Sahne oder Öl,

Steckrüben fein gerieben, mit Sahne, Zitrone, Öl, Petersilie,

Topinambur grob gerieben, mit etwas Öl und Nüssen.

Ausführliche Speisenzubereitung finden Sie im Anhang.

Da vielfach die Vorstellung besteht, Obst mache dünn, werden häufig zu große Mengen davon genossen, so daß sich innerhalb der Frischkost das Verhältnis von Gemüse zu Obst zu sehr nach der Seite des Obstes verschiebt. Gekochtes Obst ist nicht zu empfehlen, da es einerseits meist mit Fabrikzucker gekocht ist und andererseits bei

Magen- und Darmempfindlichen imstande ist, die Verträglichkeit von Vollkornbrot und Frischkost zu stören. Die Menge der Frischkost (Gemüse + Obst) zusammen mit dem Frischkornbrei soll mindestens ein Drittel der Gesamtkost ausmachen. Wird der Anteil auf die Hälfte oder zwei Drittel erhöht, ist der Erfolg entsprechend größer.

Über die Behandlung ausschließlich mit Frischkost siehe Seite 57 ff.

4. Viel trinken – aber nur echte Getränke

Entgegen der üblichen Handhabung ist die *Zufuhr von genügend Flüssigkeit* notwendig, damit dem Organismus das nötige Lösungsmittel zur Ausscheidung der anfallenden Abbauprodukte zur Verfügung steht. Die so oft empfohlene Flüssigkeitseinschränkung trotz bestehenden Durstes hat sich als nachteilig erwiesen. Allerdings ist eine Flüssigkeitszufuhr über die Durstgrenze hinaus unnötig. Bei ausreichendem Anteil von Frischkost in der Nahrung pflegt sich der Wasserhaushalt im Körper so zu regulieren, daß der Durst erlischt und die in der Nahrung enthaltene Flüssigkeit ausreicht, ohne daß Getränke hinzugenommen werden müssen. Sofern aber Getränke hinzugenommen werden, kommen nur echte Getränke in Frage: Klares Wasser, Mineralwasser mit und ohne Kohlensäure und Tees aller Art, soweit sie nicht arzneilichen Charakter haben.

Flüssige Nahrungsmittel wie Obst- und Gemüsesäfte sind dagegen strengstens zu meiden, da auch kleine Mengen dieser rasch resorbierbaren Teilnahrungsmittel den Erfolg absolut verhindern. Selbstverständlich ist gegen die Verwendung von Säften während einer Fastenkur oder bei reinen Safttagen nichts einzuwenden, da sie in diesem Fall ja nicht als Nahrung, sondern als Erleichterung des Fastens gedacht sind. Im Rahmen einer Dauernahrung darf der Dicke das rohe Obst und Gemüse aber nur in ihrer Ganzheit und niemals als Saft verwenden.

Milch darf nicht als Getränk zum Durstlöschen statt Wasser oder Tee benutzt werden, sondern ist als flüssige Nahrung nur im Rahmen der Nahrungsmittel zu verwenden.

5. Zwischenmahlzeiten verhindern den Erfolg

Die Beachtung eines weiteren Punktes ist noch wichtig. **Es sollten nicht mehr als 3 Mahlzeiten gegessen werden. Die häufige Empfehlung von zahlreichen kleinen Mahlzeiten ist falsch. Die Mahlzeiten müssen streng eingehalten werden, d. h. zwischen den einzelnen Mahlzeiten darf nichts, auch nicht die geringste Kleinigkeit, gegessen werden.** Kommt es zwischen den Mahlzeiten zum Hungergefühl, und wird dieses durch Zwischenmahlzeiten befriedigt, so ist der Organismus nicht gezwungen, in die Vorratskammer des eigenen Fettdepots zu greifen, und die Gewichtsabnahme bleibt aus. Wenn es auch in erster Linie nicht so sehr auf die bald einsetzende Gewichtsabnahme ankommt, sondern auf die Normalisierung des gestörten Stoffwechsels, die sich dann auch im Abbau des krankhaft angelagerten Fettes zeigt, so ist es doch aus psychischen Gründen gerade im Anfang vorteilhaft, wenn der Kranke bald erlebt, daß er mit einer Vollkost, bei der er sich satt essen kann, das erreicht, was er mit strengster Diät vorher nicht erreicht hat.

6. Alle Nahrungsmittel, die nicht besonders erwähnt wurden, sind erlaubt

Dies ist keine Kur

Diese Grundkostform läßt sich jahrzehntelang durchführen und wird im folgenden als „vitalstoffreiche Vollwertkost" bezeichnet. (Noch vollwertiger ist die reine Frischkost). Sie ist das Gegenteil einer einseitigen Diät und bringt daher keinerlei Gefahren wie die sonst üblichen „Diäten" mit sich. Solange sie streng eingehalten wird, ist eine krankhafte Fettvermehrung ausgeschlossen. Langsam nehmen unter dieser Kost krankhaft Übergewichtige ab und vorher Untergewichtige zu. Unter derselben Kost, unter der Magere zunehmen, nehmen Dicke ab. Beide Krankheitsformen, die Mager- und die Fettsucht, spielen sich, soweit sie Vitalstoffmangel als Ursache haben, unter der Vollwertkost auf das Gewicht ein, das der Konstitution des Trägers entspricht.

Mögliche Fehler

Bleibt der Erfolg aus, so ist der Reihe nach zu prüfen, in welchem Punkt Fehler gemacht wurden. Es könnte z. B. sein, daß der Frischkostanteil der Nahrung für den Betreffenden noch zu gering ist. Es können keine genauen Angaben über die Frischkostmenge gemacht werden, die nötig ist, um in jedem Fall Erfolg zu haben. Bei leichten Fällen genügen kleine Mengen (mindestens aber ⅓ der Gesamtkost), bei schweren und veralteten Fällen sind größere Mengen nötig, bei manchen ist die Zwischenschaltung von Perioden notwendig, in denen ausschließlich Frischkost genossen wird. Wie groß der Frischkostanteil der Dauerkost sein muß, kann jeder selbst am Ausbleiben oder Auftreten des Erfolgs erkennen.

Was bei jungen Mädchen ausreicht

Für junge Mädchen, die noch gesund sind und schöne Körperformen haben, genügt zur Verhütung späterer Gewichtsentgleisung, die man ja nicht vorausweiß, die Vermeidung der Auszugsmehlprodukte, aller Fabrikzuckerarten und der Fabrikfette, der Genuß von Vollkornprodukten, des Frischkornbreies und eine tägliche Frischkostzulage, um garantiert eine zukünftige Fettsucht zu vermeiden und eine ideale Körperform zu erhalten.

Für die, die zu spät anfangen

Für diejenigen, für die diese Ratschläge zu spät kommen, da sie bereits zu dick geworden sind, kann die Einhaltung dieser Empfehlungen ebenfalls ausreichen, um allmählich wieder zu dem richtigen Gewicht zurückzukehren. Reicht es nicht, dann ist der Frischkostanteil zu erhöhen, auf strenge Einhaltung der 3 Mahlzeiten pro Tag ohne Zwischenmahlzeiten zu achten und auf das, was über das Trinken der Säfte, das Obst usw. gesagt wurde.

Wenn bei Frauen in den Wechseljahren übermäßiger Fettansatz beginnt, ist es für eine Wiederherstellung einer Idealfigur zu spät. Mit der Vorbeugung muß mindestens 20–30 Jahre vorher begonnen werden. Trotzdem bringt selbst in diesem späten Stadium die beschriebene Vollwertkost noch erstaunliche Erfolge.

Schlank auch nach der Schwangerschaft

Besonders wichtig erscheint noch der Hinweis, daß die heute so häufig zu beobachtende Veränderung der Körperform nach der Schwangerschaft mit Sicherheit zu verhüten ist, wenn die obigen Richtlinien während und nach der

Schwangerschaft strikt eingehalten werden. So ist diese Kost zugleich die beste Garantie für eine komplikationslose Schwangerschaft und einen leichten Geburtsverlauf.

Gewaltsame, rasche Gewichtsabnahme gefährlich

Im Gegensatz zu den üblichen Schlankheitskuren, die darauf abzielen, in kurzer Zeit eine relativ große Gewichtsabnahme zu erzielen, wird bei der Einhaltung der vitalstoffreichen Vollwertkost, die die gesündeste Dauernahrung ist, eine allmähliche Gewichtskorrektur erzielt. Da das Übergewicht eine Folge langfristiger Ernährungsfehler ist, muß auch die Korrektur die Sache einer langfristigen Planung im obigen Sinne sein.

Alle Gewaltmaßnahmen zur Erzielung eines raschen Gewichtssturzes sind gesundheitsschädlich, ebenso wie alle einseitigen Nahrungseinschränkungen über längere Zeiträume. Die Zahl der Dauergeschädigten ist groß, die als junge Mädchen in einem falschen Schlankheitsfimmel durch starke Abführmittel, durch Vermeidung lebenswichtiger Nahrungsmittel (z. B. von Fett über lange Zeit) oder durch sonstige

Kuren ihr Gewicht zu niedrig hielten. Schwer zu beeinflussende Schäden an den inneren Drüsen mit hartnäckigen Periodenstörungen und Regulationsstörungen des vegetativen Nervensystems sind eine harte Strafe für den aus Unwissenheit begangenen jugendlichen Unsinn.

Andere untaugliche Methoden

Auch die Entfettungsmethoden durch chronischen Abführmittelgebrauch bringen gesundheitlichen Nachteil. Zwar wird die Nahrung infolge der Beschleunigung der Darmpassage weniger gut ausgenützt und dadurch derselbe Effekt erzielt wie durch geringere Nahrungsaufnahme, ohne daß man sich in der Nahrungsmenge beschränken muß; aber die Nachteile der vitalstoffarmen Zivilisationskost bleiben unverändert bestehen, weder sind dadurch Leistungsfähigkeit und richtiges Körpergewicht zu erzielen, noch lassen sich dadurch die im Alter drohenden Zivilisationsschäden verhüten.

Manche glauben, man könne die Gewichtszunahme dadurch verhüten, daß man abends vor dem Schlafengehen wenig esse. Dies ist eine völlig irrige Ansicht, der die Vorstellung zugrunde liegt, der Körper würde das abends

Gegessene in Fett verwandeln, da nachts keine Energie benötigt und verbraucht werde. Die Vorgänge im menschlichen Körper werden nicht nach solch primitiven Mechanismen gesteuert.

Wann die größte Mahlzeit?

Ob der einzelne morgens oder abends viel essen soll, richtet sich nach seinem Typ. Es gibt Menschen, die von klein auf, d. h. konstitutionell gebunden, morgens gern ordentlich frühstükken, und andere, die morgens nur mit Mühe etwas herunterwürgen und dafür abends ihren Hauptappetit haben. Die Morgenmenschen müssen ebenso wie die Abendmenschen unbedingt nach ihrem Rhythmus leben. Ein Verstoß gegen diesen inneren angeborenen Rhythmus bringt nur gesundheitliche Nachteile. Die Regel, daß man morgens wie ein Kaiser, mittags wie ein König und abends wie ein Bettelmann essen soll, ist von Morgenmenschen erdacht und gilt nur für sie. Der Abendmensch tut gut daran, sich an seinen Typ zu halten und seine kaiserliche Mahlzeit, wenn ihn die Lust dazu treibt, auf den Abend zu legen. Exakte Beobachtungen über Jahrzehnte haben mir die Richtigkeit dieser Ratschläge bewiesen, wenn sie auch bei Konservativen Empörung hervorrufen werden. Das lebendige Leben hat den Vorrang vor den am Schreibtisch erdachten blutleeren Regeln.

Der Morgentyp wird also wahrscheinlich den Frischkornbrei morgens genießen, und der Abendtyp abends. Auch sonst soll es der Lust und Liebe des einzelnen überlassen sein, zu welcher Tageszeit er die Frischkostzulage ißt, und wie er die Portionen einteilt. Allerdings soll er sie in jedem Fall vor dem gekochten Essen zu sich nehmen, nicht als Nachspeise. Die Wirkung der Vitalstoffe ist unabhängig davon, zu welcher Tageszeit sie eingenommen werden. Ihre Auswertung ist aber etwas davon abhängig, ob sie mit Lust und Genuß und auch zur gewünschten Zeit genossen werden.

Der Sonderfall der hochgradigen Fettsucht

Bei hochgradigen Fettsuchtformen, etwa ab 100 bis 170 kg, die schon lange bestehen und bisher mit Kalorienbeschränkung bei einer sonst einseitigen üblichen Zivilisationskost oder mit sonstigen Einschränkungen behandelt wurden, empfiehlt es sich, die Behandlung ausschließlich mit der hochwertigsten Form, der reinen Frischkost, zu beginnen, und diese mehrere Wochen durchzuführen. Die dabei gewonnenen Erfahrungen lassen interessante Einblicke in das Fettsuchtproblem gewinnen, von denen einige wichtige hier mitgeteilt seien.

Verlauf der Gewichtsabnahme

Beim Übergang von gewöhnlicher Zivilisationskost auf reine Frischkost, die aus den verschiedenen oben beschriebenen Gemüsesalaten, Obst und dem Frischkornbrei besteht, nimmt der Kranke bereits innerhalb der ersten 2 Tage (je nach Ausgangsgewicht) 2–4 kg an Gewicht ab. Diese starke Gewichtsabnahme beruht jedoch lediglich auf vermehrter Abgabe von Flüssigkeit, noch nicht auf Abbau von Fett. Anschließend kommt es – je nach Ausgangsgewicht – bei einer zweimaligen Gewichtskontrolle pro Woche mit einer fast mathematischen Genauigkeit zu einer stetigen Gewichtsabnahme von 300 bis 600 g, d. h. pro Tag von 100 bis 200 g. Bei hohen Ausgangsgewichten kann die Abnahme 300 g und mehr pro Tag betragen. Dies macht bei einem Anfangsgewicht von 80 kg in 4 Wochen mindestens 3–6 kg, bei einem Anfangsgewicht von 120 kg mindestens 8–10 kg, und bei einem Anfangsgewicht von 160 kg mindestens 10–12 kg.

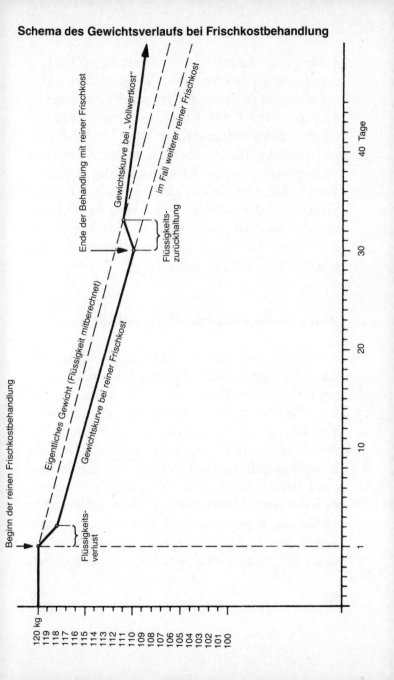

Schema des Gewichtsverlaufs bei Frischkostbehandlung

Beginn der reinen Frischkostbehandlung

Flüssigkeits-verlust

Eigentliches Gewicht (Flüssigkeit mitberechnet)

Gewichtskurve bei reiner Frischkost

Gewichtskurve bei reiner Frischkost

Ende der Behandlung mit reiner Frischkost

Gewichtskurve bei „Vollwertkost"

im Fall weiterer reiner Frischkost

Flüssigkeits-zurückhaltung

120 kg
119
118
117
116
115
114
113
112
111
110
109
108
107
106
105
104
103
102
101
100

1   10   20   30   40 Tage

Wenn der Kranke dann nach einigen Wochen auf die oben beschriebene Vollwertkost übergeht, nimmt er am ersten Tag wieder ca. 1 kg zu; dies entspricht der Flüssigkeitszurückhaltung durch die salzhaltigere Kost. Es ist für den Kranken wichtig, dies vorher zu wissen, damit er nicht glaubt, nun sei der ganze Erfolg zunichte. Vom 3. Tag an nimmt er nun wieder bei strenger Einhaltung der richtigen Kost stetig weiter langsam ab, aber langsamer als bei ausschließlicher Frischkost. Die Kurve sieht im Schema etwa aus wie auf Seite 59 abgebildet.

Wenn die Gewichtsabnahme aufhört...

Es kommt vor, daß die Gewichtsabnahme, die bei Frischkost eine Zeitlang planmäßig wie beschrieben verläuft, plötzlich aufhört. Als Ursache finden sich dann immer irgendwelche Verstöße gegen die Richtlinien. Entweder hat der Kranke etwas gegessen, was nicht in die Kostform gehörte, oder er hat die Mahlzeiten nicht streng eingehalten. Da er sich, wie gesagt, zu jeder der 3 Mahlzeiten satt essen darf, er aber häufig die angebotenen Mahlzeiten nicht ganz bewältigen kann, legt er z. B. etwas Obst beiseite, um es zu essen, wenn er zwischendurch

Hunger bekommt. Dieser kleine Verstoß macht sich aber sofort bemerkbar, indem der Kranke beim nächsten Wiegen nicht abgenommen hat. Wie fein der Organismus reagiert, läßt sich nur bei der klinisch durchgeführten Frischkosternährung nachweisen. Die Zulage einer Scheibe Vollkornbrot, die ja meist im Gegensatz zum Frischkornbrei ein wenig Kochsalz enthält, genügt bereits, um während der sonst reinen Frischkosternährung eine Flüssigkeitszurückhaltung von einigen hundert Gramm zu bewirken, die sich natürlich am Gewicht nachweisen lassen.

Gewichtsanstieg durch Salz!

Bei dieser Gelegenheit sei darauf hingewiesen, daß die vitalstoffreiche Vollwertkost nicht nur das beste Mittel ist, um krankhaftes Fett abzubauen, sondern auch, um den gestörten Flüssigkeitshaushalt zu regeln; da Fettansatz immer mit Flüssigkeitszurückhaltung verbunden ist, geht, wie beschrieben, der Fettabbau immer mit vermehrter Flüssigkeitsausscheidung einher. Da 1 Gramm Kochsalz 100 g Flüssigkeit bindet (der Kochsalzgehalt der Körperflüssigkeit entspricht etwa einer 0,9%igen Lösung), hat die Zufuhr von nur 10 g Salz einen Gewichtsanstieg von etwa 1 kg zur Folge.

Frischkost besser als Fasten

Die durch strenge Frischkostbehandlung zu erzielenden Erfolge sind durch keine sonstigen Maßnahmen unter gleichzeitiger Erhaltung des Wohlbefindens und der vollen Leistungsfähigkeit erreichbar. Bei Säfte- und Fastenkuren lassen sich zwar vorübergehend größere Gewichtsabnahmen erzielen; sie sind aber zeitlich beschränkt und erfordern wesentlich mehr Opfer und Bereitwilligkeit als eine Frischkostbehandlung; außerdem kommt es in der Zeit des Fastenbrechens und des Aufbaues zu Gewichtszunahmen, so daß im Endeffekt nach einer Frischkostbehandlung mit anschließender Vollwertkost ein größerer Dauererfolg resultiert. Die Frischkostbehandlung hat auch den Vorteil, daß sie spielend Monate und länger fortgesetzt werden kann, was bei anderen Methoden nicht ohne Schaden möglich ist.

Das Befinden

Was das Befinden während der strengen Frischkostbehandlung der Fettsucht betrifft, die ja meist mit anderen ernährungsbedingten Zivilisationsschäden kombiniert ist, so sind hier drei Faktoren zu berücksichtigen: Die psychische Einstellung, die Art der Begleitkrankheiten und der Grad der Überschwemmung des Organismus mit Abbau- und Stoffwechselzwischenprodukten, die besonders bei rascher Gewichtsverminderung auftreten können.

Was die psychische Einstellung betrifft, so reagiert der Kranke auf eine aufgezwungene Frischkostbehandlung, die er infolge mangelnder Aufklärung oder falscher Vorstellungen innerlich ablehnt, meist mit Übelkeit und Unpäßlichkeit. Häufig beruhen solche Ablehnungen auf vorausgegangenen Fehlaufklärungen durch Personen, die in Ernährungsfragen unerfahren oder noch in den Vorstellungen der alten Ernährungslehre verhaftet sind. Eine Ernährungsbehandlung setzt daher eine entsprechende Aufklärung über die Wirkungsweise und das Sinnvolle der Behandlung voraus. Eine Ernährungsbehandlung bei einem Kranken durchzuführen, der sie – aus welchen Gründen auch immer – ablehnt, ist sinnlos und auch garantiert erfolglos.

Begleitkrankheiten beeinträchtigen zwar oft das Befinden des Fettsüchtigen; diese bessern sich aber in der Regel gleichzeitig mit der Fett-

sucht, da sie meist auf denselben Ursachen beruhen.

Schließlich kommt es beim Abbau überschüssigen Fettes zu Stoffwechselzwischenprodukten, die bei manchen Kranken anfangs das
Gefühl der Unpäßlichkeit und Schlappheit hervorrufen, welches oft mit depressiver Stimmung
einhergeht. Bei manchen Kranken hält dieses
Gefühl der Unlust 'während der gesamten Zeit
an, in der sie an Gewicht abnehmen. Es ist
nachgewiesen, daß sich manche Schädlingsbe-
kämpfungsmittel, wie z. B. DDT, die wir in
kleinen Mengen laufend mit unserer Nahrung
aufnehmen, infolge ihrer Lipoidlöslichkeit im
Fettgewebe speichern. Diese und ähnliche Stoffe
können beim Fettabbau freigesetzt werden und
die beschriebene Unpäßlichkeit hervorrufen.

Außer diesen Fremdstoffen können es aber
auch körpereigene Stoffwechselzwischenpro-
dukte sein, die diese unangenehmen Empfin-
dungen hervorrufen. Es ist dringend notwendig,
den Kranken auf diese Zusammenhänge hinzu-
weisen, da er sonst Gefahr läuft, das schlechte
Befinden falsch zu deuten, und die Behandlung
abbricht. Die meisten Kranken haben die falsche
Vorstellung, daß sie bei einer Frischkostbehandlung deshalb an Gewicht abnehmen, weil
„nichts drin ist, was Kraft gibt". Die falsche

Vorstellung, daß durch den Erhitzungsprozeß und andere Eingriffe die Nahrung wertvoller werde, sitzt ebenso fest wie die Meinung von dem hohen Wert der Fabriknahrungsmittel, die durch die jahrzehntelange Werbung der Nahrungsmittelindustrie entstanden ist. Am überzeugendsten ist für den Übergewichtigen in der Klinik, wenn er selbst erlebt, daß andere Kranke, die durch schwere Krankheit entkräftet und abgemagert sind, mit der frischkostreichen Vollwertkost rascher zunehmen und genesen als mit der üblichen minderwertigen Zivilisationskost.

Aber auch für den Dicken, der die Frischkostbehandlung zu Hause in eigener Regie durchführen will, ist es entscheidend wichtig, daß er weiß, daß diese Kost alles enthält, was er zum Gesundwerden und voller Leistungsfähigkeit benötigt, und daß eine etwaige Unpäßlichkeit durch frei werdende Abbauprodukte bedingt ist und nicht durch die Nahrung.

2 × wöchentlich auf die Waage

Um den Erfolg nach einer mehr oder weniger langen, strengen Frischkostbehandlung zu halten, genügt meist die Einhaltung obiger Richtlinien. Eine laufende Gewichtskontrolle ist dabei notwendig. Die Erfahrung hat gezeigt, daß Kranke, die noch eine weitere Gewichtsabnahme nötig hätten, sich aber keiner Gewichtskontrolle unterziehen, meist nicht mehr weiter abnehmen oder sogar wieder zunehmen. Die ständige Erwartung, wie in der nächsten Woche das Gewicht sein wird, regt dazu an, die Ernährungsrichtlinien einzuhalten. Zudem stachelt der Erfolg an, die wirksame Methode fortzusetzen, während der Mißerfolg gemachte Fehler rasch aufdeckt und erkennen läßt, mit welcher Unerbittlichkeit sie sich rächen. Auf diese Weise lernt jeder rasch, daß die Ernährungsanweisungen richtig sind und daß ihre Einhaltung Erfolg bringt. Wenn der Betreffende aber weiß, daß er erst in einem Vierteljahr wieder kontrolliert wird, dann ist er nur zu leicht geneigt, die Sache treiben zu lassen; er hat ja noch genug Zeit, bis dahin die Scharte wieder auszuwetzen. Daß aber nur die konsequente Einhaltung einer lebendigen Nahrung den Erfolg einer dauerhaften Vitalität und eines idealen Körpergewichts bringen kann, ist genügend begründet. So trägt häufiges Wiegen indirekt zum Erfolg bei.

Was man sonst noch tun kann

Hilft die Sauna?

Nun müssen alle diejenigen enttäuscht werden, die glauben, sie könnten durch regelmäßige Saunabäder ihr Gewicht auch nur im geringsten verbessern. Die irrige Vorstellung, daß man durch das Schwitzen in der Sauna dünn werde, ist so verbreitet, daß man in den Saunen vorwiegend Dicke antrifft. Ich habe aber noch niemanden getroffen, der trotz jahrelangen Saunabesuchs seine Fettsucht beseitigt hätte. Solange er sich falsch ernährt, wird er vergeblich auf den Erfolg der Sauna warten. Wahrscheinlich ist die Vorstellung, durch Schwitzen werde man schlank, dadurch entstanden, daß sich das Gewicht durch den Schweißverlust nach der Sauna tatsächlich um einige hundert Gramm verringern kann; aber die nächste Tasse Tee oder die nächste Mahlzeit zu Hause hat natürlich den Flüssigkeitsverlust wieder ausgeglichen. Diese Verwechslung von Flüssigkeitsverlust und Verlust an echter Körpersubstanz ist wohl schuld daran, daß die Sauna mehr die Dicken anlockt. Dies ist schade, da mancher Nichtdicke sich vom

Saunabesuch abhalten läßt, weil er glaubt, er würde dadurch zu dünn. Leider gelingt es infolge dieses Vorurteils nur mit Mühe, magere Menschen zum Saunabesuch zu überreden.

Um jedem Mißverständnis vorzubeugen: Die Sauna ist etwas Herrliches. Es gibt kein besseres Gefäßtraining. Es wäre zu wünschen, daß jedermann die Sauna einmal wöchentlich besucht. Aber ein spezifisches Mittel gegen das Dicksein ist sie auf keinen Fall.

Sport und Vollwertkost ideale Kombination

Es gibt tatsächlich außer der richtigen Ernährung noch ein Mittel, das bei der Fettsucht sehr hilfreich sein kann: das ist der Sport. Nachdem seit Jahrzehnten allenthalben geschrieben wird, daß mangelnde körperliche Bewegung einer der Hauptgründe für die Zunahme der Zivilisationsschäden sei, ist die Bedeutung der Bewegung für die Erhaltung der Gesundheit zur Genüge in jedermanns Bewußtsein gedrungen. Trotzdem ist es nötig, die Akzente richtig zu setzen.

Da die Fettsucht eindeutig ernährungsbedingt ist und den Verzehr von raffinierten Kohlenhydraten und anderen denaturierten Nahrungsmitteln zur Vorausetzung hat, hat auch logischerweise ihre Verhütung und Behandlung in erster Linie in der Abstellung der Fehler in der Ernährung zu bestehen. Dem widerspricht keineswegs, daß durch systematische sportliche Betätigung sich übermäßiges Fett beseitigen läßt, und daß es eine wunderbare Sache wäre, jedermann täglich zu einer ausreichenden körperlichen Betätigung zu bringen.

Aber trotzdem wäre eine alleinige Behandlung der Fettsucht durch Körperbewegung auf keinen Fall ausreichend, auch wenn es in jedem Fall gelänge, das übermäßige Fett wegzubewegen. Denn damit wäre lediglich ein sichtbares Symptom und Warnsignal beseitigt, während die Stoffwechselstörungen, die durch die zivilisatorische Mangelkost entstehen, nicht verhütet würden. Dies beweist die praktische Erfahrung. Wenn Sport mit falscher Ernährung kombiniert wird, schützt er nicht im geringsten vor den Degenerations- und Ablagerungskrankheiten an den Gefäßen und den Bewegungsorganen. Die Sportler beteiligen sich im gleichen Maße an dem Gebißverfall und sind im Alter ebenso von Wirbelsäulenveränderungen und Gelenkschäden, Arteriosklerose, Herzinfarkt, Gallensteinen usw. befallen wie die übrige Bevölkerung. Es sei denn, sie verbinden ihre sportliche Betätigung mit einer gesünderen Ernährungsweise. So betrachtet, kann sogar die Empfehlung des Sports als alleinige Maßnahme zur Erzielung eines richtigen Körpergewichts eine Gefahr bedeuten, indem dadurch die eigentliche Ursache verschleiert wird.

Um so mehr ist die Kombination von richtiger Ernährung und ausreichender sportlicher Betätigung zu empfehlen. Als körperliche Betätigung kommen in Frage: Laufen, Schwimmen, Radfahren, Gehen, Laufen auf der Stelle und Ballspiele.

Der beste Sport ist der Lauf, da dabei alle Muskelgruppen geübt werden, die Arme und Beine und namentlich auch die Brustmuskeln. Er ist für alle Altersgruppen geeignet. Eine Wirkung ist aber nur zu erwarten, wenn die Muskelbewegung regelmäßig, mindestens fünfmal pro Woche, erfolgt, wenn sie 5 Minuten Dauer überschreitet und der Puls während der ganzen Übung bei etwa 150 Schlägen pro Minute liegt. Statt eines Laufes von 1500 bis 3000 m kommt eine Schwimmstrecke von 100 bis 400 m in 3 bis 15 Minuten in Frage. Etwa dieselbe Wirkung hat das Radfahren von 7 bis 20 Minuten über eine Strecke von 3 bis 12 km, oder rasches Gehen von 20 Minuten bis einer Stunde über Strecken von 2 bis 6 km. Wenn keine Möglichkeit dazu besteht, kann auf der Stelle gelaufen werden, täglich 10 bis 20 Minuten. Bei der Aufzählung der einzelnen Sportarten wird deutlich, daß für viele Menschen die Umsetzung in die Tat mit Schwierigkeiten verbunden ist – man denke z. B. an die berufstätigen Frauen, von denen viele in einer Weise eingespannt sind, daß noch nicht einmal Raum bleibt, um bescheidenen privaten Interessen ausreichend nachgehen zu können.

Daß dem Bewegungsmangel jedoch nicht die entscheidende Bedeutung zukommt, zeigt eine Beobachtung bei Tieren. Werden Tiere künstlich an ihrer gewohnten Bewegung gehindert, so entwickelt sich bei ihnen keine Fettsucht, solange sie ihre natürliche Nahrung bekommen.

Die Regeln kurz zusammengefaßt

Fassen wir noch einmal zusammen, was Sie tun müssen, um die ideale, Ihrer Veranlagung entsprechende Körperform zu erhalten oder zu erreichen und gleichzeitig durch biologische Verjüngung die sogenannten Alters- und Verschleißkrankheiten mit Sicherheit zu verhüten.

Meiden Sie streng
1. die raffinierten Kohlenhydrate
   a) Auszugsmehle und ihre Produkte (Graubrot, Weißbrot, Brötchen, Teigwaren, Zwieback, Pudding, Kuchen)
   b) alle Zuckerarten, die in der Fabrik hergestellt sind, Rohrzucker, d. h. gewöhnlichen Verbrauchszucker, auch Rübenzucker genannt, gleichgültig ob weiß oder braun, Traubenzucker, Fruchtzucker, Vollrohrzucker, Malzzucker, Ahornsirup, Rübensirup, Birnendicksaft, Apfeldicksaft, Ursüße, Sucanat, Melasse und alle Genuß- und Nahrungsmittel, die damit gesüßt sind (süßes Gebäck, Kuchen, Marmelade, Schokolade, Bonbons, Pralinen, Speiseeis usw.)

2. die raffinierten Fette (Margarinen, gewöhnliche Öle)
3. alle Säfte aus Obst und Gemüse, gleichgültig ob selbst hergestellt oder gekauft

Schränken Sie möglichst weitgehend ein:
4. alle durch Hitze, Konservierung und Präparierung denaturierten Nahrungsmittel (Konserven aller Art, gekochtes Gemüse, gekochte und pasteurisierte Milch, gekochtes und eingemachtes Obst)

Täglich müssen Sie essen:
1. drei Eßlöffel Getreide in Form eines Frischkorngerichts
2. Vollkornbrote, verschiedene Sorten
3. Frischkost; sie soll mindestens ein Drittel der übrigen Kost ausmachen, in schweren Fällen zu Beginn und in bestimmten Abständen nur Frischkost
4. naturbelassene Fette (Butter, sogenannte kaltgeschlagene Öle, Nüsse, Leinsamen usw.)

Sonstige Regeln:
5. Dem Durst entsprechend klares Wasser trinken (Mineralwasser, ungekochtes Leitungswasser), unarzneiliche Tees aller Art;

Milch ist kein Getränk, sondern ein flüssiges Nahrungsmittel

6. Honig stark einschränken, nie konzentriert essen

7. Täglich drei Mahlzeiten, keine Zwischenmahlzeit, auch nicht kleinste Mengen

8. Täglich ausreichende Körperbewegung; wenn möglich etwas Sport einer den Sauerstoffumsatz erhöhenden Sportart: Laufen, Radfahren, Schwimmen, schnelles Gehen.

Schlußwort

Diese Ratschläge haben in fünfzigjähriger klinischer und ambulanter Behandlung ihre hervorragende Bewährung unter Beweis gestellt. Es wurde schon deutlich darauf hingewiesen, daß der Grad des Erfolges wie bei jeder Krankheit davon abhängig ist, in welchem Stadium der Fettsucht die Behandlung beginnt. Solange die Zivilisationskost noch nicht zu unheilbaren krankhaften Veränderungen der inneren Drüsen und anderen Dauerschäden geführt hat und die Krankheit sich noch im Stadium der funktionellen Störung befindet, ist mit einer völligen Normalisierung des gestörten Stoffwechsels zu rechnen. Die größte Aussicht haben deshalb natürlich junge Menschen, denen man für das ganze Leben eine Idealfigur versprechen kann, wenn sie sich an die Spielregeln halten.

Doch ist die Erhaltung einer schönen Körperform der geringste Gewinn. Denn es erscheint mehr als fraglich, ob sich ein solcher Aufwand für eine reine Äußerlichkeit lohnte, wenn nicht die äußere Wohlgestalt auch der Ausdruck von Gesundheit überhaupt wäre.

Viel bedeutungsvoller als die Beseitigung des

überschüssigen Fettes ist die Gewißheit, damit zugleich vor dem Herzinfarkt, der Thrombose, der Arteriosklerose, den Wirbelsäulen- und Gelenkerkrankungen, den Gallensteinen, dem Gebißverfall und überhaupt allen ernährungsbedingten Zivilisationskrankheiten geschützt zu sein. Dies aber bedeutet einen unschätzbaren Gewinn an Leistungsfähigkeit und Lebensdauer, und, da der Mensch eine Geist-Leib-Seele-Einheit ist, auch einen unerhörten Zuwachs an Lebensfreude, Lebensgenuß und Lebensintensität.

Rezeptvorschläge
von
Ilse Gutjahr

Allgemeine Hinweise

Als **Öle** sollten grundsätzlich nur Öle der Erst-
pressung (sogenannte kaltgepreßte) verwendet
werden. Wichtig ist der Zusatz „garantiert nicht
raffiniert" oder „naturbelassen" auf dem Etikett.
Für die meisten Salate ist ein neutral schmecken-
des Öl genannt. Verhältnismäßig neutral
schmeckend sind z. B. Sonnenblumenöl, Maiskeimöl oder auch Distelöl. Frisches Leinöl hat
einen nußartigen Geschmack und darf auf keinen Fall bitter schmecken – dann ist es alt, oder
der Leinsamen wurde vorbehandelt. Die Öle
werden öfter gewechselt, um auch dabei den
unterschiedlichen Gehalt an Vitalstoffen von
möglichst vielen Sorten auszunutzen.

Vitamin A und Mohrrüben. Immer wieder
wird die Auffassung vertreten, Mohrrüben
müßten mit Fett angerichtet werden, damit das
Provitamin A in Vitamin A umgewandelt werden kann. Die Umwandlung erfolgt nicht auf
dem Teller, sondern in unserem Körper. Es
spielt keine Rolle, zu welchem Zeitpunkt Fett
gegessen wird. Wichtig ist, daß überhaupt
naturbelassene Fette verzehrt werden. Also:

Wenn Sie Appetit darauf haben, kann die Mohrrübe pur geknabbert werden.

Kochsalz wird im Frischkostanteil der Speisen
möglichst gar nicht verwendet. Es ist kein
Gewürz. Als für den Organismus notwendiges
Mineralsalz ist es in den Lebensmitteln in ausreichender Menge enthalten.

Das **Waschen** der Gemüsesorten ist kein Einweichen, sondern wird am besten ganz kurz
unter fließendem Wasser vorgenommen. Das
Gemüse wird vor dem Zerkleinern gewaschen.

Schälen von Obst und Gemüse entfernt keine
Schadstoffe, sondern wichtige Vitalstoffe. Nur
bei wenigen Sorten ist die Schale ungenießbar.
Also Gurke, Mohrrübe, Apfel, Rettich usw.
immer mit Schale verzehren, denn die in der
Schale enthaltenen Wirkstoffe benötigt die
Leber, um etwa vorhandene Giftstoffe auszu-
scheiden.

Für den **Frischkornbrei** wird das geschrotete
Getreide grundsätzlich nur mit kaltem Leitungswasser angesetzt und bleibt bei Zimmertemperatur stehen. Auf keinen Fall zum Einweichen
Milch, Saft o. a. nehmen.

Als Abkürzungen in den Rezepten bedeuten: TL = Teelöffel, EL = Eßlöffel, MS = Messerspitze.

Nicht alle Gewürze sind in allen Geschäften vorrätig. Zum Beispiel erhalten Sie Gemüsebrühe, Brühwürfel auf pflanzlicher Basis, Hefeflocken, Vanillegewürz u. a. nur im Reformhaus oder Naturkostladen.

Frischkorngerichte

Der wichtigste Bestandteil einer vitalstoffreichen Vollwerternährung sind Frischkorngerichte aus verschiedenen Getreidesorten. Die
beliebteste und wohl bekannteste Zubereitungs-
art ist der Frischkornbrei, wie er auf Seite 42 im
Grundrezept schon beschrieben wird.

Da er gut schmecken und abwechslungsreich
sein soll, zeigen wir Ihnen hier noch einige
andere Zubereitungsmöglichkeiten.

Es spielt keine Rolle, zu welcher Tageszeit der
Frischkornbrei gegessen wird. Um aber ausreichend mit Frischkostsalaten versorgt zu sein, hat
es sich bewährt, ihn als Frühstück einzuplanen.
Das Schroten und Einweichen des Getreides
wird dann bereits am Abend vorher vorgenommen. Sie werden sich nach kurzer Zeit so daran
gewöhnt haben, daß Ihnen für einen guten Start
in den Tag etwas fehlt, wenn Sie ihn einmal nicht
essen.

Mengenangaben pro Person:
50–60g Weizen
1 Apfel
Saft ½ Zitrone

1 Banane
1 EL Sahne
1 EL gemahlene Haselnüsse

50–60 g Hafer
1 Apfel
Saft ½ Zitrone
1 Birne
½ Banane schaumig schlagen
1 EL Sahne
1 EL Sonnenblumenkerne

Hafer muß nicht unbedingt am Abend vorher geschrotet und eingeweicht werden. In diesem Fall genügt auch das Schroten am Morgen und eine Einweichzeit von ½–1 Stunde.

50–60 g Hirse am Abend ungeschrotet einweichen
1 Apfel
Saft ½ Zitrone
1 Handvoll frische Erdbeeren
2 EL geschlagene Sahne
1 MS Vanillegewürz
1 EL Walnußkerne

50–60 g Buchweizen am Abend ungeschrotet einweichen

1 Apfel
Saft ½ Zitrone
1 Handvoll Johannisbeeren
½ Banane schaumig schlagen
2 EL geschlagene Sahne
1 EL Cashewkerne
1 MS Zimt

50–60g Getreidemischung aus Weizen,
Roggen, Gerste, Hafer
1 Apfel
Saft ½ Zitrone
1 Orange
2 frische Feigen
1 EL Sahne
1 EL gemahlenen Leinsamen

50–60g Roggen
1 Apfel
Saft ½ Zitrone
5–6 frische Aprikosen
2 EL geschlagene Sahne
1 EL Sonnenblumenkerne

50–60g gekeimter Weizen
1 Apfel
Saft ½ Zitrone
½ Banane schaumig schlagen

3–4 EL frische Himbeeren
1 EL Sahne
1 MS Vanillegewürz

50–60 g gekeimter Buchweizen
1 Apfel
Saft ½ Zitrone
4–5 frische Pflaumen
1 EL Sahne
1 EL Pinienkerne

50–60 g 6-Korn-Mischung
1 Apfel
Saft ½ Zitrone
½ Banane
1 Handvoll Sauerkirschen
1 EL Sahne
1 EL Walnußkerne

50–60 g Gerste
1 Apfel
Saft ½ Zitrone
4–5 EL frische Heidelbeeren
1 EL Sahne
1 EL grob gehackte Haselnüsse

50–60 g Weizen
1 Apfel

Saft ½ Zitrone
½ Banane
1 Handvoll blaue oder grüne Weintrauben
1 EL Sahne
1 TL Sesam

50–60 g Weizen
1 Apfel
Saft ½ Zitrone
1 Scheibe frische Ananas
1 EL Sahne
1 EL gemahlene Haselnüsse

50–60 g Hafer
1 Apfel
Saft ½ Zitrone
½ Banane
1 Handvoll Brombeeren
2 EL geschlagene Sahne
1 MS Vanillegewürz

50–60 g gekeimter Weizen
1 Apfel
Saft ½ Zitrone
5–6 Zwetschgen
2 EL geschlagene Sahne
1 EL Cashewkerne

Frischkost voraus

Unter Frischkost verstehen wir Salate aus rohem Obst und rohem Gemüse sowie Frischkorngerichte.

Frischkost wird stets vor der warmen Mahlzeit gegessen und sollte so abwechslungsreich wie möglich zusammengestellt sein.

Faustregel: Täglich zwei über und unter der Erde gewachsene Gemüsesorten und möglichst zu jeder Mahlzeit Blattsalat.

Wenn diese Kombination nicht immer so exakt befolgt werden kann, ist das kein Grund, beunruhigt zu sein. Sie sollten sich aber bemühen, mehr als zwei Gemüsesorten als Salat auf den Tisch zu bringen, denn es geht ja schließlich um Ihre Gesundheit!

Da reine Frischkost über Monate gegessen oder auch als Dauernahrung beibehalten werden kann, ist den Salatrezepten besonders viel Platz eingeräumt. Erinnern Sie sich ... je größer der Frischkostanteil, um so größer ist auch der Erfolg beim Abnehmen. Auf Mengenangaben und Abwiegen wurde bewußt verzichtet, denn von den Salaten darf jeder essen, solange er Hunger hat. Es ist jedoch streng darauf zu achten, daß zwischen den drei Mahlzeiten nichts, auch nicht die geringste Kleinigkeit, gegessen wird!

Aufgepaßt! Die Soßen stets zuerst zubereiten, Gemüsesorten nach Möglichkeit unmittelbar vor dem Verzehr zerkleinern.

Zeitraubend ist die Zubereitung einer vital-stoffreichen Vollwertkost auf keinen Fall! Und preiswerter als die übliche Kost ist sie außerdem noch.

Hier folgen Soßenrezepte, die fast ausnahms-los zu allen Salaten passen.

Soße I:
   4 EL Öl
   2 EL Obstessig
   2 EL Wasser
   1 EL Senf
   ½ TL Honig
   1 EL gehackte Petersilie

Soße II:
   4 EL Öl
   Saft 1 Zitrone
   3–4 EL Wasser
   1 TL Honig

Soße III:
  4 EL Öl
  3 EL fein gemahlene Haselnüsse
  Saft 1 Zitrone

Soße IV:
  1 Becher saure Sahne
  1 EL Tomatenmark
  1 TL Hefepaste
  1 Knoblauchzehe in 2 EL Öl pressen
  reichlich frisch gehackte Kräuter

Soße V:
  ¼ l süße Sahne dickflüssig schlagen
  2–3 EL Senf
  1 MS frisch gem. schwarzer Pfeffer
  Saft ½ Zitrone
  frische Kräuter

Soße VI:
  Saft 1 Orange
  4 TL Öl
  1 EL gerösteter Sesam

Soße VII:
  1 Becher Joghurt
  1 TL Meerrettich
  1 EL gehackte Kräuter

1 saure Gurke würfeln
3 EL Öl
½ TL Honig

Soßenreste können 2–3 Tage im Schraubglas im Kühlschrank aufbewahrt werden.

Sollte die Soße zu dickflüssig sein, problemlos mit Wasser, Sahne oder pflanzlicher Brühe verlängern!

Probieren Sie selbst immer wieder neue Soßen aus. Es gibt unzählige Möglichkeiten, mit Gewürzen und neuen Ideen Pfiff in die Speisen zu bringen.

Blumenkohlsalat
Blumenkohl
Birne
Haselnüsse
Zitrone
Öl

Blumenkohl grob raffeln, Birne würfeln, Haselnüsse hacken. Alles mit Zitronensaft und Öl mischen.

Bunte Platte I
Radicchio
Endiviensalat

Avocado
Tomaten
1 hart gekochtes Ei
Radicchio grob zerpflücken, Endiviensalat in feine Streifen schneiden, Avocado würfeln, Tomaten in Scheiben schneiden, Ei hacken.

Gemüsesorten auf Platte anrichten, mit gehacktem Ei bestreuen. Dazu Soße nach Wahl reichen.

Bunte Platte II
Weißkohl
Essig
Öl
Kümmel
Rote Bete mit Apfel
Öl
Feldsalat
Weißkohl grob raffeln, dazu sofort Essig, Öl und Kümmel geben. Rote Bete fein raffeln, die gleiche Menge Äpfel grob raffeln, mit Öl mischen.

Alles mit geputztem Feldsalat appetitlich auf Platte anrichten. Dazu Soße Nr. I oder VII.

Champignonsalat
frische Champignons
grüne und rote Paprikaschoten

Champignons und Parika in sehr feine Scheiben bzw. Streifen schneiden. Dazu Senfsoße Nr. V.

Endiviensalat

Endiviensalat
2 Tomaten
Walnußkerne

Endiviensalat in feine Streifen schneiden, sofort in eine Soße nach Wahl geben. Mit Tomatenvierteln garnieren, mit grob gehackten Walnüssen bestreuen.

Fenchelsalat

Fenchelknolle
Granatapfel
Zitrone
Öl
schwarzer Pfeffer

Fenchelknolle in sehr feine Streifen schneiden bzw. hobeln. Mit Zitronensaft, Öl und Pfeffer mischen. Granatapfelkerne unterheben. Mit fein gehacktem Fenchelgrün bestreuen.

Griechischer Salat

frisches Sauerkraut vom Faß
Gurke
Tomaten
rote und grüne Paprika
Zwiebeln

schwarze Oliven
Peperoni
Zitrone
Öl
schwarzer Pfeffer
grüner Salat zum Garnieren

Teller mit grünem Salat belegen. Darauf Sauerkraut geben, dann lagenweise fein geschnittene Zwiebelringe, Tomaten, Paprikastreifen, Olivenöl mit Zitronensaft mischen, über Salat gießen. Mit grob gemahlenem Pfeffer bestreuen. Mit Oliven und Peperoni garnieren.

Gurkensalat

Gurke
Chicorée
Tomaten zum Garnieren
Dill

Gurke hobeln, sofort in vorbereitete Joghurtsoße geben. Chicorée entblättern, fächerförmig auf Teller legen, Gurkensalat in die Mitte geben. Mit frisch gehacktem Dill bestreuen und mit Tomatenvierteln garnieren.

Krautsalat

Weißkohl
Zwiebeln
Radieschen zum Garnieren

Kohl sehr fein hobeln, mit sehr wenig Kräutersalz und Pfeffer mischen, leicht durchstampfen.
Danach mit Kümmel, fein gewürfelten Zwiebeln
und Öl vermischen. Mit Radieschen garnieren.

Mohrrübensalat
Mohrrüben
Äpfel
Sonnenblumenkerne oder
Haselnüsse
Zitronensaft
Öl
Vanillegewürz nach Geschmack
Mohrrüben fein oder grob reiben, Äpfel grob
raffeln, mit anderen Zutaten mischen. Nach
Geschmack mit 1 MS Vanille würzen.

Paprikasalat
rote Paprikaschoten
Zwiebeln
Äpfel
frische Kräuter
Paprika und Äpfel würfeln, Zwiebeln in feine
Ringe schneiden. Alles mit Essig und Öl
mischen, mit frischen Kräutern bestreuen.

Rote Bete-Salat
Rote Bete

Äpfel
Sellerie
Öl
Sesam
Zitrone
Tamarisoße nach Geschmack
²/₃ Rote Bete und ⅓ Sellerie fein reiben, Äpfel grob raffeln. Mit Öl und Zitronensaft mischen. In der Pfanne leicht gerösteten Sesam unterheben. Eventuell mit Tamari würzen.

Selleriesalat
Sellerie
Äpfel
frische Ananas
grob gehackte Walnüsse
Zitronensaft
süße Sahne
Sellerie fein raffeln, sofort mit Zitronensaft mischen. Ananas und Äpfel würfeln, unterheben. Sahne steif schlagen, unter den Salat ziehen. Mit gehackten Walnüssen bestreuen.

Schwarzwurzelsalat
Schwarzwurzeln
1 Zitrone
1 Orange
Haselnußmus oder

fein geriebene Haselnüsse
Öl

Schwarzwurzeln am besten unter fließendem Wasser mit harter Wurzelbürste gründlich säubern. Sehr fein hobeln, sofort mit Zitronensaft mischen. Haselnüsse oder Nußmus mit Saft einer halben Orange und Öl verrühren. Alles unter den Salat geben. Mit restlichen Orangenstücken garnieren.

Spargelsalat

Spargel schälen, fein hobeln. Genau wie Schwarzwurzelsalat zubereiten oder mit Zitronensaft und Öl mischen, mit 1 EL Sanddorn und etwas Honig abschmecken. Mit frisch gemahlenem schwarzen Pfeffer bestreuen.

Steckrübensalat

pikant:
Steckrübe
Petersilie
Öl
1 MS Cenovis
weißer Pfeffer

Steckrübe fein reiben, mit frisch gehackter Petersilie, Öl und Gewürzen mischen.

süß:
Steckrübe
frische Ananas
Orange
Banane
Apfel
Öl
Zitrone
Honig
Cayennepfeffer – nur eine Prise!

Steckrübe fein reiben, das Obst würfeln, alles mit Zitronensaft, Öl, etwas Honig und Cayennepfeffer mischen.

Tomaten-Zwiebel-Salat
Tomaten
Zwiebeln
Schnittlauch
Essig
Öl
Pfeffer
1 EL Senf

Tomaten in Scheiben, Zwiebeln in sehr feine Ringe schneiden. Alles mit Soße mischen. Mit frisch geschnittenem Schnittlauch bestreuen.

Tomaten mit Rettich
Tomaten

Rettich
gekeimte Weizenkörner

Rettich grob raffeln. Tomaten in Scheiben schneiden. Mit gekeimtem Weizen auf Platte anrichten. Mit grünem Salat garnieren. Dazu Knoblauchsoße.

Wirsing mit Paprika und Gurke

Wirsing in feine Streifen schneiden
Parika – rot und grün – würfeln
Gurke in Scheiben schneiden
Alles mit vorbereiteter Soße I mischen.

Weizenkeimsalat

gekeimte Weizenkörner
die gleiche Menge
Granatapfelkerne
pro Person 1 EL gehackte Mandeln
reichlich Petersilie

Alle Zutaten mischen. Dazu Fenchelsoße aus Öl, Zitronensaft und Fenchelhonig.

...übrigens, wenn es Ihnen schmeckt und Ihre Zähne gesund sind, dann können Sie auch Mohrrüben, Gurken, Rettich und andere Gemüse so „natur" essen... Es muß nicht immer ein Salat gemacht werden!

Warme Gerichte

Wenn Sie die ausführlichen ärztlichen Ratschläge gründlich gelesen haben, wissen Sie ja, ob Sie am besten bei reiner Frischkost bleiben sollten oder ob auch warme Gerichte eingeplant werden können.

Die Zubereitung der warmen Kost ist gar nicht schwierig. Zuerst gibt es vorweg einen Salat zum Sattessen. Die üblichen Salzkartoffeln ersetzen Sie durch Pellkartoffeln, den geschälten Reis durch Vollreis; ebenso ist es mit den Nudeln. Statt der weißen, faden Nudeln bringen Sie Vollkornnudeln auf den Tisch.

Gemüse wird schonend gegart, so daß es noch „bißfest" und nicht zu weich ist. In Butter geschwenkt und mit frischen Kräutern bestreut schmeckt es hervorragend.

Fett wird nicht mitgekocht, sondern den Speisen erst nach dem Kochen zugegeben.

Und denken Sie daran: Salz ist kein Gewürz. Ersetzen Sie es durch Kräuter und vielseitige Gewürzmischungen. Das Angebot ist groß genug. 10 g Kochsalz bringen 1 kg mehr auf die Waage!

Die warmen Gerichte sind für 4 Personen berechnet.

Erbsensuppe

750 g Kartoffeln
500 g frische oder gefrorene Erbsen
2 große Zwiebeln
100 g Butter
1 Becher saure Sahne
gekörnte Brühe,
Pfeffer, Majoran,
Hefepaste
Petersilie
Weizenvollkornmehl zum Binden

Kartoffeln mit Schale kochen. Zwiebeln würfeln, in 1 EL Butter glasig dünsten. Erbsen, gepellte und gewürfelte Kartoffeln zugeben, mit Gemüsebrühe auffüllen.

3 EL Weizenvollkornmehl mit etwas kaltem Waser glattrühren. Suppe damit binden, 10 Minuten kochen lassen.

Mit saurer Sahne und Gewürzen abschmekken. Zum Schluß Butter oder Öl zugeben.

Mit frisch gehackter Petersilie bestreuen.

Nußküchle

200 g altes Vollkornbort
150 g Gouda, Emmentaler o. ä.
100 g Haselnüsse
2 Zwiebeln

Alles durch den Fleischwolf drehen oder durch grobe Gemüseraffel geben.

So viel Gemüsebrühe zugeben, daß ein geschmeidiger Teig geknetet werden kann.

Kleine Frikadellen formen, in Weizenvollkornmehl wenden und in wenig Öl hellbraun braten.

Gefüllte Kohlrabi

4 Kohlrabi
8 Tomaten
saure Sahne
Rosmarin, Salbei
etwas Kräutersalz
Paprika

Kohlrabi schälen, in Gemüsebrühe 15 Minuten garen. Deckel abschneiden. Aushöhlen.

Mit Nußküchleteig füllen, dabei ausgehöhlte Kohlrabireste unterkneten.

Kohlrabi und Tomaten in wenig Gemüsebrühe ca. 10 Minuten dünsten. Soße mit saurer Sahne binden. Pikant abschmecken.

Einfaches Gerstengericht

300 g Gerste über Nacht in 1 ½ l Wasser einweichen. 20 Minuten garen, 20 Minuten nachquellen lassen. Mit frischen Salbeiblättern, Butter und wenig Kräutersalz würzen.

Spaghetti mit Kräutersoße
Vollkornnudeln in wenig Wasser garen.
Restwasser kann für Soße verwendet werden.

Soße:
1 Tube Tomatenmark mit 1 Tasse Wasser verrühren und erhitzen. Mit reichlich frischem
Basilikum würzen.

1 Knoblauch*knolle* in ½ Tasse Olivenöl pressen und dazugeben. Mit gemahlenen Pinienker-
nen, Pfeffer und Koriander abrunden. Die Soße
soll dickflüssig sein!

Grüne Bohnen nach Balkanart
500 g Bohnen, frisch oder gefroren
2 große Zwiebeln
1 Mohrrübe
3 Tomaten
1 TL Paprika, edelsüß
1 MS Kräutersalz
Bohnenkraut
Rosenpaprika
100 g Butter
Zwiebeln würfeln, in wenig Butter glasig dünsten. Zerkleinerte Mohrrübe und Bohnen dazugeben, mit wenig Gemüsebrühe auffüllen, 10
Minuten dünsten. Jetzt Tomatenviertel dazugeben. Nochmals 5 Minuten garen. Mit Gewürzen

pikant abschmecken. Mit flüssiger Butter übergießen.

Semmelknödel mit Jägersoße
5–6 alte Vollkornbrötchen
¼ l Flüssigkeit (Sahne und Wasser gemischt)
2 Eier
1 Zwiebel
Pfeffer
Petersilie
Öl

Brötchen zerschneiden und in lauwarmer Flüssigkeit einweichen. Zwiebel in Öl hellgelb dünsten, mit anderen Zutaten verkneten. Mit nassen
Händen kleinen Probekloß formen und in sie-
dendes Salzwasser legen. Sollte er zu weich sein,
Weizenvollkornmehl oder Paniermehl unterkneten. Semmelknödel in siedendem Salzwasser
bei kleiner Hitze zugedeckt ca. 15 Minuten ziehen lassen.

Soße:
200 g Pfifferlinge
2 Zwiebeln
50 g Butter
saure Sahne
Pfeffer

Schnittlauch
3 Wacholderbeeren
Gewürfelte Zwiebel in Butter glasig dünsten.
Pilze dazugeben. In wenig Gemüsebrühe 15–20
Minuten mit Pfeffer und Wacholderbeeren
schmoren lassen.

Zum Schluß Butter dazugeben. Mit gehacktem Schnittlauch bestreuen.

Crêpes
... süß oder herzhaft.
Schmecken gut und sind schnell zubereitet.
80 g Weizenvollkornmehl
¼ l Wasser mit Sahne gemischt (½ und ½)
1 MS Vollmeersalz
3 Eier
Zutaten verquirlen. Etwas Öl in Pfanne erhitzen, hauchdünne Crêpes von beiden Seiten
goldbraun backen.

Süße Richtung:
Teig mit Vanille würzen. Zu den Crêpes frisches
Apfelmus aus roh geriebenen Äpfeln (mit Schale
reiben!) oder Obstsalat, z. B. Erdbeeren mit
Bananen und geschlagener Sahne oder Orangen,
Äpfel und Birnen usw.

Pikante Richtung:

In den Teig geriebenen Käse geben oder über die gebackenen Crêpes geriebenen Käse streuen.

Anstelle von Käse gibt man frisch geschnittene Kräuter in den Teig, z. B. Schnittlauch, Petersilie, Kerbel...

...oder in Butter glasig gedünstete Zwiebeln in den Teig geben oder auf fertig gebackene Crêpes geröstete Zwiebelringe legen.

...rohen Spinat fein schneiden, in den Teig geben..

...auf gebackene Crêpes verschiedene Gemüse legen, z. B. Pilze, Spargel, Erbsen, Mais ..., die vorher knapp gegart wurden. Mit Butter übergießen und mit frischen Kräutern bestreuen.

Probieren Sie selbst neue Möglichkeiten aus. Machen sie aus den üblichen Lieblingsgerichten der Familie etwas Vollwertiges. Wie es in der Praxis geht, haben wir Ihnen an einigen Beispielen gezeigt.

Nachtisch

Brombeerspeise
¼ l Sahne
250g Brombeeren
1 Banane, 1 Kiwi
1 TL Vanille
2 EL Honig

Sahne steif schlagen. Brombeeren, Vanille und Honig unterheben. In Glasschälchen füllen, mit Bananen-und Kiwischeiben verzieren.

Nußeis
¼ l Sahne
70g Honig
50g geriebene Walnüsse
1 TL Rum, 1 TL Vanille
2 Eier getrennt

Sahne fast steif schlagen, dann Honig, Vanille, Eigelb, Nüsse zugeben. Schlagen, bis Masse fest ist. Eischnee unterheben.

Ca. 2 Stunden ins Gefrierfach stellen. Zwischendurch vorsichtig umrühren.

Sesambananen
4 Bananen

3 EL Butter
2 EL Honig
2 EL Sesam

Bananen in Butter glasig braten. Gerösteten Sesam und Honig dazugeben. Alles vorsichtig bräunen. Mit Honig gesüßte, steif geschlagene Sahne darübergeben. Mit Vanille bestreuen.

Brotaufstrich

Champignonbutter
125 g Butter
125 g frische Champignons
1 Zwiebel
Kräutersalz
Saft ½ Zitrone

Zwiebel fein würfeln, in wenig Butter glasig dünsten. Fein geschnittene Champignons zugeben. Mit Kräutersalz würzen. Alles im Mixer pürieren. Nach Erkalten mit restlicher Butter mischen. Kühl stellen.

Französische Nußbutter
125 g Butter
50 g Haselnüsse, fein gemahlen
Saft von 1 Zitrone
Pfeffer
Schnittlauch
Petersilie
Estragon
evtl. Kräutersalz

Kräuter sehr fein schneiden, mit Zitronensaft mischen. Mit Nüssen, Pfeffer und Butter verkneten. Kühl stellen.

Haselnußbutter, süß

125 g Butter
70 g Haselnüsse, fein gemahlen
1 geh. TL Honig
1 MS Vanillegewürz
1 Prise Zimt
1 frische Feige, püriert

Alle Zutaten vermischen, kühl stellen.

Veränderung: Die fertige Butter mit ½ TL Kakao verkneten.

Wenn Ihr Gewicht und das Gewissen es zulassen ... dann dürfen Sie natürlich auch mal backen und es sogar selbst aufessen!

Backen mit Vollkornmehl

Bis hier haben Sie nun einige Neuigkeiten kennengelernt und ausprobiert.

Wenn Ihnen die vorgeschlagenen frischen Salate und die warmen Mahlzeiten geschmeckt haben, sollten Sie auch das Backen mit Vollkornmehl ausprobieren.

Hier werden Sie vielleicht die stärkste Veränderung feststellen. Vollkorngebäck schmeckt aber so vorzüglich, daß Ihre Backversuche schnell voll akzeptiert werden und Ihnen den Mut zum Neuen geben!

Nahezu alle Brot- und Gebäcksorten, die Sie üblicherweise angeboten bekommen, sind aus Auszugsmehl hergestellt. Die Randschichten des Getreides und der Getreidekeim wurden entfernt, dadurch fehlen dem Mehl die bereits erwähnten Vitalstoffe, vor allem das notwendige Vitamin B 1.

Beim Vollkornmehl sind diese wichtigen Stoffe noch vorhanden, da das ganze Getreidekorn vermahlen wird. Ideal ist es natürlich, wenn Sie das Mahlen selbst unmittelbar vor dem Backen vornehmen können. Wenn das nicht geht, sollten Sie beim Einkauf darauf achten, daß

Sie frisch gemahlenes Vollkornmehl erhalten, denn durch lange Lagerung gehen wertvolle Stoffe verloren.

Da die gesamten Bestandteile des Getreides in Vollkornmehl enthalten sind, wird das Gebäck dunkler als der frühere Kuchen aus Auszugsmehl. Vielleicht sollten Sie daher zuerst einen Kuchen ausprobieren, der Ihnen den Übergang zum Vollkorngebäck erleichtert.

Backen Sie mal zum Kennenlernen eine

Biskuit-Torte
4–5 Eigelb
125 g Honig
3 EL warmes Wasser
175 g Weizenvollkornmehl
1 gestr. TL Backpulver

Eigelb und Honig schaumig rühren. Wasser eßlöffelweise zugeben. Zum Schluß Eischnee und Mehl abwechselnd mit Schneebesen unterheben. Das Backpulver erst in das letzte Drittel des Mehls geben.

Backblech fetten, mit gefettetem Pergamentpapier auslegen.

Schaumige Teigmasse auftragen, im vorgeheizten Ofen bei 200 Grad 12–15 Minuten hellgelb backen.

Sofort auf Geschirrtuch stürzen. Pergamentpapier vorsichtig abziehen. In vier gleichmäßige Streifen schneiden.

Füllung:
¼ l Sahne schlagen
2 EL Honig unterheben
1 EL Kakao unterziehen
Die Biskuitstreifen damit bestreichen und aufeinanderlegen. Fertige Torte rundherum mit Schlagsahne bestreichen. Wenn Kakao weggelassen wird, können frische Früchte unter die Sahne gezogen werden (Erdbeeren, Himbeeren o. ä.)

Apfelkuchen mit Guß
250g Weizenvollkornmehl
1 Ei
80g Honig
70g Butter
1 TL Backpulver
1 MS Vollmeersalz
Alle Zutaten verkneten.

Inzwischen 500g Äpfel grob raffeln (mit Schale) und mit Zitronensaft beträufeln.

Jetzt Teig in Springform geben, einen Rand hochziehen. Teig mit Äpfeln belegen. 20 Minuten im geheizten Ofen bei 200 Grad vorbacken.

Guß:
2 Eier, getrennt
80 g Honig
1 Becher saure Sahne
1 gestr. TL Zimt

Honig, Eigelb, saure Sahne schaumig rühren.
Eischnee und Zimt mit Schneebesen unterheben.

Guß auf den Apfelkuchen streichen. Kuchen
nochmals 20 Minuten backen.

Nußkuchen
300 g Weizenvollkornmehl
250 g Butter
200 g Honig
3–4 Eier
1 Päckchen Backpulver
1 geh. EL Kakao
100 g grob gehackte Wal- oder Haselnüsse

Butter, Eier und Honig schaumig rühren. Voll-
kornmehl, Backpuler und Kakao unterrühren.
Walnüsse dazugeben. Eventuell mit einem
Schuß Rum würzen.

Kastenform mit gefettetem Pergamentpapier
auslegen. Mit gehackten Nüssen ausstreuen.

Teig einfüllen und bei 175–200 Grad ca. 1
Stunde backen. Eventuell mit Folie nach halber
Backzeit abdecken.

Zwetschgenkuchen mit Streuseln

150 g Weizenvollkornmehl
100 g Butter
2 Eier
2 geh. EL Honig
1 TL Backpulver

Butter, Eier, Honig schaumig rühren. Mit Backpulver gemischtes Mehl unterrühren. Springform fetten, mit geriebenen Haselnüssen ausstreuen (oder mit Paniermehl).

Teig einfüllen, dicht mit entsteinten Zwetschgen belegen. Streusel gleichmäßig auf Kuchen
verteilen.

Streusel:

100 g Weizenvollkornmehl
2 EL Honig
3 EL Öl
1 TL Vanillegewürz

Alle Zutaten mit einer Gabel bröselig verkneten.
45 Minuten Backzeit bei ca. 170 Grad.

Dieser Grundteig eignet sich auch für Torten,
Kuchen auf dem Blech, Napfkuchen mit Kakao,
Rosinen u. a.

Brötchen

600 g Weizenvollkornmehl
350 g kaltes Wasser

40 g Hefe
15 g Vollmeersalz

Hefe und Salz im Wasser auflösen. Mehl dazugeben. Alles gründlich durchkneten (ca. 10 Minuten). Falls Teig zu fest ist, ½ Tasse Wasser nachgießen.

20 Minuten bedeckt an warmem Ort gehen lassen. Nochmals kneten, wieder gehen lassen.

Je nach Größe 15–20 Brötchen formen – mit nassen Händen! Brötchen auf bemehltes Blech setzen, mit Eigelb bestreichen.

Ofen auf 220 Grad vorheizen, Blech auf mittlere Schiene schieben, sofort auf 250 Grad schalten.

Nach 20 Minuten Backzeit auf 200 Grad zurückgehen und noch 15 Minuten backen.

Um die Brötchen knusprig zu bekommen, Schale mit kaltem Wasser in den Ofen stellen und Wrasenabzug verschließen.

Zum Schluß auch noch Brotbacken für Hobbybäcker!

Roggenmischbrot
Sauerteigherstellung:
Erste Stufe
  100g Roggenvollkornmehl
  100g Wasser (40 Grad C)
Mehl mit Wasser verrühren. Dann mit Folie oder Teller abdecken und bei 20–22 Grad einen Tag (besser 2 Tage) stehen lassen.
Zweite Stufe
  100g Roggenvollkornmehl
  100g Wasser ca. 40 Grad
In den ersten Ansatz (Stufe 1) einrühren – der erste Ansatz riecht bereits säuerlich. Die ganze Masse wieder abdecken und wieder 24 Stunden bei ca. 20 Grad stehen lassen.
Dritte Stufe
  200g Roggenvollkornmehl
  200g Wasser ca. 40 Grad
Diese Menge mit dem vorigen Ansatz (Stufe 1 und Stufe II) verrühren, nochmals einen Tag abgedeckt bei ca. 20 Grad stehen lassen.
  Der Sauerteig ist nun fertig und sollte möglichst schnell verbacken werden.

Insgesamt haben Sie jetzt 800 g Sauerteig. Zum Brotbacken brauchen Sie 700 g Sauerteig. 100 g nehmen Sie zum Vermehren ab, geben es in ein Schraubglas und bewahren es ca. 6–8 Tage im Kühlschrank auf.

Beim nächsten Backen geht die Sauerteigzubereitung mit dem Rest (den verwahrten 100 Gramm) viel schneller (½–1 Tag).

Man nimmt dann z. B. für *ein* Brot:

50 g alten Sauerteig
375 g Roggenvollkornmehl
375 g Wasser ca. 40 Grad

Alles verrühren, abdecken, 12–24 Stunden bei ca. 20 Grad gehen lassen – fertig.

Wollen sie nicht so oft backen, können Sie den Sauerteigrest auch bis zu 4 Wochen im Kühlschrank als „Krümelsauer" aufheben.

Man nehme dazu: Sauerteigrest und Roggenvollkornmehl.

Sie rühren so lange Mehl in den Sauerteig ein, bis er krümelt wie eine Streuselmasse. Dann im Plastikbeutel oder Schraubglas im Kühlschrank aufbewahren.

Nun zum eigentlichen Brotbacken:

Zutaten:
300 g Weizenvollkornmehl

350g Roggenvollkornmehl
700g Sauerteig
20g Vollmeersalz
20–25g Hefe
300g Wasser (ca. 40 Grad)

Das Mehl gibt man in eine Schüssel, macht rechts und links eine kleine Mulde, gibt in die eine Salz, in die andere die zerkrümelte Hefe, löst mit etwas Wasser die Hefe auf und schüttet unter gleichzeitigem Rühren den Rest Wasser (40 Grad) und den Sauerteig dazu.

Bald rührt es sich schwerer. Jetzt mit der Hand weiterkneten, bis alles Mehl zu einer teigigen Masse verarbeitet ist. Dauer 3–5 Minuten.

Teig zur Mitte der Schüssel hin anwölben. Vollkornmehl über die Oberfläche streuen, Schüssel gut abdecken und ca. 30 Minuten an einem warmen Ort gehen lassen.

Danach den Teig kneten und in Form bringen. Streumehl wichtig. Außenränder des Teigs immer wieder nach innen klappen, dabei Teig auf gut bemehlter Arbeitsfläche drehen.

Brot mit Teigschluß nach unten in gefettete Kastenform legen oder offen auf dem Blech backen. Dann den Teig eben als Kugel oder längliches Brot formen, mit Teigschluß nach unten auflegen.

Teig mit warmem Wasser abstreichen und mit

Gabel einstechen. Dann mit Schrot oder Sesam, Haferflocken, Leinsamen o. ä. bestreuen.

Eine Stunde zum Weitergären abstellen.

In den auf 225 Grad vorgeheizten Ofen schieben.

Achtung! Kastenform nur halb füllen!

3-Pfund-Brote ca. 70–80 Minuten backen.

1 ½ Pfund-Brote ca. 50–60 Minuten backen.

Auf Rost auskühlen lassen.

Nach 3–4 Stunden kann das Brot gegessen werden.

Ich wünsche Ihnen guten Appetit!

Bücher von Dr. M. O. Bruker

Unsere Nahrung – unser Schicksal

Mit diesem Buch schuf Dr. M. O. Bruker ein Standardwerk der Ernährungswissenschaft. Als praktizierender Chefarzt schöpft er aus seinem umfangreichen Wissen und führt jeden Leser zum Verständnis der wahren Ursache von ernährungsbedingten Zivilisationskrankheiten.

Lebensbedingte Krankheiten

Die geistige Haltung bestimmt, wie der einzelne mit den Belastungen des täglichen Lebens fertig wird. Mangel an Kenntnis und Erkenntnis kann zu Krankheiten führen. Konflikte und Streß bedrohen heute jeden. Wie Sie trotz aller Belastungen gesund bleiben oder wieder gesund werden, beschreibt dieses Buch.

Stuhlverstopfung in 3 Tagen heilbar
mit Rezepten von Ilse Gutjahr

Selbst die hartnäckigste Stuhlverstopfung kann ohne Abführmittel geheilt werden! Durch einfache Nahrungsumstellung und Änderung der Lebensbedingungen kann jeder Stuhlverstopfte von seinem jahrelangen Übel befreit werden!

Leben ohne Herz- und Kreislaufkrankheiten

Die Herz- und Kreislaufkrankheiten nehmen von Jahr zu Jahr zu, angeführt von der Todesursache Nr. 1: dem Herzinfarkt!
Die Ursachen hierfür können vermieden werden. Diese sind vor allem ein Mangel an Vitalstoffen durch die heutige denaturierte Kost.

Ernährungsbehandlung bei Leber-, Galle-, Magen- und Darmerkrankungen

Die Leber ist unser großes Stoffwechselorgan. In den letzten Jahrzehnten haben die Lebererkrankungen außerordentlich zugenommen. Dies hängt damit zusammen, daß unsere Nahrung durch technische Eingriffe nachteilig verändert ist.

Viele scheinbar unheilbare Lebererkrankungen können durch eine vitalstoffreiche Vollwertkost geheilt werden.

Erkältet?
mit Rezepten von Ilse Gutjahr

Erkältungen kommen nicht von Kälte, sondern beruhen neben falscher Kleidung vorwiegend auf mangelnder Abwehrkraft durch vitalstoffarme Zivilisationskost.

Immer wiederkehrender Husten, Schnupfen und Grippe müssen nicht sein.

Abhärtung des Körpers durch Naturheilmethoden und Kneippsche Maßnahmen sowie vitalstoffreiche Vollwertkost bringen Abhilfe.

Rheuma – Ursache und Heilbehandlung
mit Rezepten von Ilse Gutjahr

Jeder 5. leidet heute an Erkrankungen des Bewegungsapparates (Rheuma, Ischias, Arthritis, Arthrose, Wirbelsäulen- und Bandscheibenschäden). Dies bedeutet für die Kranken: ständige Beschwerden, starke Schmerzen und hohe Kosten für Kuren und Medikamente. Die wirklichen Ursachen und die wirksame Heilbehandlung beschreibt dieses Buch und ermöglicht, sogar im späten Stadium das Fortschreiten der Erkrankung zu verlangsamen oder sogar zum Stillstand zu bringen.

Dr. M. O. Bruker / Ilse Gutjahr
Biologischer Ratgeber für Mutter und Kind

Wenn Sie vorhaben Kinder zu bekommen oder schon welche haben: Hier finden Sie endlich alle Informationen, wie Sie Ihr Kind von Anfang an gesund aufziehen und ernähren können.

Gesundheit beginnt bei den Eltern schon vor der Zeugung und setzt sich fort mit dem Stillen und anschließend vollwertiger Ernährung. Auch zu Fragen wie Impfungen, Zahnkrankheiten und Allergien nehmen die Autoren Stellung.

Diabetes und seine biologische Behandlung

mit Rezepten von Ilse Gutjahr

Auch wenn es die offizielle Medizin noch nicht wahrhaben will: Durch konsequente Umstellung der Ernährung auf Vollwertkost besteht bei der Zuckerkrankheit (Diabetes mellitus) Aussicht auf erhebliche Besserung der Stoffwechsellage. Dies kann, je nach Schweregrad der Erkrankung, bis zur Befreiung von Tabletten und Spritzen führen.

Vorsicht Fluor

Dies ist eine Sammlung von wichtigen Materialien zur Wahrheitsfindung für Eltern, Zahnärzte, Ärzte, Krankenkassen, Behörden und Politiker. Zahnkaries ist keine Fluormangelkrankheit, trotzdem wird die Verabreichung von Fluoridtabletten und die Trinkwasserfluoridierung weltweit propagiert. In dieser Dokumentation wird aufgezeigt, daß der Nachweis der Unschädlichkeit bis heute nicht erfüllt wurde. Die Fluoridierung ist zu einem Politikum geworden, da es nicht so sehr um medizinische Fragen, sondern um wirtschaftliche Interessen geht.

Aufmerksamkeiten

365 Zitate, Sprüche, Aphorismen – für jeden Tag des Jahres einen –, die aufmerksam und nachdenklich machen und motivieren, sind gute Begleiter im Leben.

Kleinschriften von Dr. M. O. Bruker

Vom Kaffee und seinen Wirkungen

Kaffee ist eine Droge und führt in Abhängigkeit wie Alkohol und Nikotin.

Regelmäßiger Kaffeegenuß bringt gesundheitliche Nachteile, die sich besonders als Kreislaufstörungen und Leistungsminderung äußern. Aber auch zahlreiche andere Nebenwirkungen beschreibt Dr. Bruker. Nach dem Lesen dieser Kleinschrift werden Sie den Genuß von Kaffee als Handlung wider besseren Wissens verstehen.

Ärztliches Memorandum zur industriellen Nutzung der Atomenergie

Als verantwortlich vorausdenkender Arzt zeigt Dr. M. O. Bruker anschaulich auf, daß die Energiegewinnung durch Atomkernspaltung die »schmutzigste« und gefährlichste ist. Das Heimtückische liegt darin, daß sich die Erbschäden durch radioaktive Substanzen erst in der 3. Generation bemerkbar machen.

Wenn Sie leicht verständliche Hintergrundinformationen suchen, dann informieren Sie sich durch diese preiswerte Kleinschrift.

Weitere Kleinschriften mit folgenden Themen erhalten Sie beim E. M. U.-Verlag, 5420 Lahnstein:

Tonkassetten von Dr. M. O. Bruker
Live-Vorträge

Gesundheit – ein Informationsproblem

In diesem Vortrag wird eindrücklich dargestellt, daß statt der üblichen symptomatischen Linderungsbehandlung eine ursächliche Heilbehandlung dringend erforderlich ist.

Der manipulierte Patient

Jeder Patient, der den Arzt aufsucht, will wissen, woher seine Krankheit kommt. Es ist üblich geworden, diese Frage nach den Ursachen geschickt zu umgehen und Scheinursachen zu nennen. Besonders eindrucksvoll wird diese Situation am Beispiel des Herzinfarkts geschildert.

Lebenskrisen

Fragen der Kindererziehung, Religion, Liebe, Sexualität, Partnerschaft und des Vertrauens werden realistisch an Beispielen aus der Praxis aufgezeigt.